Hans Pfeifer

Das Kloster Riddagshausen bei Braunschweig

Hans Pfeifer

Das Kloster Riddagshausen bei Braunschweig

ISBN/EAN: 9783742893734

Hergestellt in Europa, USA, Kanada, Australien, Japan

Cover: Foto ©Lupo / pixelio.de

Weitere Bücher finden Sie auf **www.hansebooks.com**

Das Kloster

Riddagshausen bei Braunschweig.

Das Kloster Riddagshausen

bei Braunschweig.

Von

Hans Pfeifer
Regierungs- und Baurath.

Mit 112 Abbildungen.

Von der Kanzel.

Wolfenbüttel, 1896.
Verlag von Julius Zwissler.

Westansicht der Klosterkirche.

Vorwort.

ie vorliegende Arbeit verdankt ihre Entstehung einem Vortrage, den der Verfasser vor mehr als zwanzig Jahren als junger Bauführer vor einem Kreise von Fachgenossen gehalten hat. Die Klosterkirche zu Riddagshausen ist inzwischen unter der Leitung und nach den Plänen des leider zu früh verstorbenen Bauraths Wiehe wieder hergestellt; zahlreiche Fremde, Laien und Kunstverständige, pilgern alljährlich nach dem ehemaligen Kloster, um sich an der Kunst vergangener Jahrhunderte, namentlich an der herrlichen Klosterkirche, einer Perle mittelalterlicher Baukunst, zu erfreuen. Diesen, wie allen, welche ein Interesse an kunstgeschichtlichen Studien besitzen, dürften die folgenden Blätter nicht unwillkommen sein.

Besondern Dank ist der Verfasser dem Verleger, Verlagsbuchhändler Julius Zwissler in Wolfenbüttel, welcher die Anregung zu der vorliegenden Arbeit gegeben und keine Mühen zu einer angemessenen Ausstattung derselben gescheut hat, sowie dem Hofbildhauer Sagebiel in Braunschweig, welcher die photographischen Aufnahmen nach den Angaben des Verfassers besorgt hat, schuldig.

Die Siegelabdrücke stammen aus dem Herzogl. Hauptarchive, und verfehle ich nicht, dem Vorstande desselben, Archivar Dr. P. Zimmermann, für die Ueberlassung derselben meinen Dank auch an dieser Stelle auszusprechen.

Braunschweig, Juli 1896.

Hans Pfeifer.

Inhaltsverzeichniss.

	Seite
Einleitung	1
I. Geschichte des Klosters	5
II. Die Klosteranlage	27
III. Die vorhandenen Gebäude.	
Thorgebäude und Thorkapelle	32
Die Klosterkirche	35
Die Kapelle im Klostergarten	65
Sonstige Baureste	66
IV. Verzeichniss der Aebte	70
V. Quellen	71

Nordwestliche Ansicht der Kirche.

Einleitung.

Der Orden der Benedictiner hatte um die Mitte des zehnten Jahrhunderts den Gipfel seiner Macht und Grösse erreicht; hatte er bisher die Regeln des heiligen Benedictus gewissenhaft befolgt, so entartete er jetzt unter Reichthum und Wohlleben immer mehr und mehr. Da unternahm es in der letzten Hälfte des elften Jahrhunderts der Abt Robert von St. Michael Tonnère, den Orden wieder auf die Regeln des Stifters zurückzuführen und zu reformiren.

Von wenigen Mönchen begleitet verliess Abt Robert sein Kloster, um zu Molesme, einer unwirthbaren Gegend, ein neues Kloster streng nach den Regeln des heiligen Benedictus zu gründen. Doch nur kurze Zeit verweilte hier der Abt; nachdem er seine Schöpfung hinlänglich gesichert hatte, eilte er mit noch zwei gleichgesinnten Mönchen nach Lyon, um von dem Vertreter des päpstlichen Stuhles, Erzbischof Hugo, die Erlaubniss zur Gründung eines neuen Ordens zu erlangen. Vierzehn Brüder folgten dem frommen Abte, um in der Diöcese Chalons ein neues Kloster, Citeaux, zu gründen.

Der Ort der Niederlassung war durchaus nicht günstig; feucht und morastig, von undurchdringlichen Wäldern umgeben. Aber eine solche Lage entsprach dem Sinne des heiligen Roberts, um durch Kampf und Arbeit, durch fortwährend anstrengende Thätigkeit das Wohlgefallen Gottes und die ewige Seligkeit zu erlangen.

Bald hatte die kleine Schaar eine Stelle im Walde gelichtet; das gefällte Holz diente als Bauholz zur Zimmerung der Kapelle, der Zellen und Hütten; Dämme wurden aufgeschüttet, das Wasser des morastigen Bodens zu Seen und Teichen vereinigt.

Erst hierauf dachte man daran, die Gebäude solider aus Stein zu construiren, ohne jeden Schmuck, ohne Ornament und Malerei. Die ganze Kloster-Anlage schloss sich den schon vorhandenen Benedictiner-Klöstern an, jedoch in einfachster Weise.

Das Kloster zu Citeaux bewies sich in den ersten Jahren seines Bestehens durchaus nicht lebensfähig; die strenge Zucht, welche anfangs einen so mächtigen Reiz geübt hatte, schreckte Viele von dem Eintritte in den neuen Orden ab. Da trat im Jahre 1113 ein junger Mönch an die Spitze des Klosters, Bernhard, ein Graf von Châtillon, welcher durch seinen feurigen Geist, durch seine mächtige Redegabe, durch seinen Pflichteifer, mit welchem er die Regeln des Stifters befolgte, das Kloster Citeaux zu voller Blüthe brachte. In kurzer Zeit war unter seiner Regierung die Zahl der Klosterbrüder so sehr gewachsen, dass Abt Bernhard an die Stiftung neuer Klöster denken konnte.

Binnen drei Jahren entstanden so die Klöster La Ferté-sur-Grosne im Sprengel von Châlons, Pontigny in dem von Auxerre, Clairvaux und Morimond im Sprengel von Langres.

Immer weiter sehen wir den Einfluss des Abtes Bernhard sich ausbreiten; jedes Jahr bringt die Stiftung neuer Niederlassungen, neuer Klöster. Von Rom aus und von den Fürsten begünstigt, entstehen unter dem heiligen Bernhard, welcher als Abt nach Clairvaux gezogen, über 300 Klöster in allen Himmelsgegenden, in allen europäischen Ländern.

Gleiche Regeln, gleiches Gesetz verband diese Stiftungen unter einander.

Die Charta charitatis, die Karte der christlichen Liebe, 1119 auf einer Versammlung der Aebte sämmtlicher bis dahin gestifteten Cistercienser-Klöster aufgestellt, bestimmte die Ordensregeln nach den Vorschlägen des heiligen Bernhards. Citeaux ward als Mittelpunkt des Ordens anerkannt, in welchem alljährlich ein General-Kapitel, zu dem ein jedes Kloster seinen Abt zu senden verpflichtet war, abgehalten werden sollte.

Die General-Kapitel hatten den Zweck, die verschiedenen Klöster unter einander und namentlich mit den Mutterklöstern, in naher Verbindung zu halten. Auf diesen Versammlungen wurden die Abtswahlen vorgenommen, Aebte abgesetzt, so wie die Stiftung neuer Klöster beschlossen.

Durch die enge Berührung und den fortwährenden Verkehr der Klöster unter einander ist es erklärlich, dass selbst bei noch so grosser Entfernung der Töchterklöster vom Mutterkloster überall dieselben Sitten und Gebräuche herrschten. War zwar die Muttersprache der verschiedenen Klöster, je nach dem Lande, in welchem sie lagen, eine verschiedene, so trat doch die lateinische Sprache, die für Kultus und Gesetz im Kloster vorgeschriebene Sprache, wieder vermittelnd und bindend dazwischen.

Das Leben im Kloster war sehr streng. Nur wenige Stunden waren der nächtlichen Ruhe bestimmt; Gebet und oft anstrengende körperliche Arbeit wechselten mit einander ab. Wie die ersten Mönche, welche zur Gründung des Klosters ausgeschickt waren, sich selbst ihr Obdach, ihre Stätte bereiten, die Teiche fischhaltig, die Felder und Wälder urbar machen mussten, so waren auch ihre Nachfolger durch die Regeln des heiligen Bernhards verpflichtet, ihre Lebensbedürfnisse sich mit ihrer Hände Arbeit zu verschaffen.

Durch dieses Gebot des heiligen Bernhards ist der Cistercienser-Orden hauptsächlich zu seiner grossen Blüthe und in so kurzer Zeit grossen Verbreitung gekommen.

Man thut Unrecht, beim Gedanken an die Klöster des Mittelalters sofort von feisten Mönchen und faulen Bäuchen derselben zu reden; sie haben wahrlich im Schweisse ihres Angesichtes, als wahre Pioniere im Weinberge des Herrn, den Boden geebnet, auf welchem wir heute stehen und wirken.

Die strengen Ordensregeln erstreckten sich auch auf die Nahrung der Cistercienser. Gemüse und grobes Brot war die gewöhnliche Speise; nur in Krankheitsfällen war Wein und Fleisch erlaubt. Ausländische Gewürze und Pfeffer waren gänzlich verboten.

So einfach die Speise, so schlicht war auch die Kleidung. Die Kutte war weiss (ursprünglich schwarz-braun), der Halskragen (Mozetta), an welchem die Kapuze befestigt war, und das vorn und hinten bis an die Füsse hängende Scapulier waren von dunkelgrauer Farbe. Hinsichtlich der Speise und Kleidung herrschte unter den Klosterbrüdern kein Unterschied. —

Die Aebte der Cistercienserklöster zählten zu den angesehensten Leuten des Landes; dieses hohe Ansehen, welches sie durch ihre guten Eigenschaften bei Hoch und Niedrig besassen, trug nicht wenig zur schnellen Verbreitung des Ordens bei. Für Deutschland namentlich ist das vorhin genannte Kloster Morimond von grosser Bedeutung; von hier aus wurde das Kloster Alten-Campen bei Geldern gestiftet, indem der Abt Arnold von Morimond den Erzbischof Friedrich von Köln, seinen Bruder, im Jahre 1122 zur Stiftung dieses Klosters bewog. Fürsten und Ritter stellten dem Orden ihre Besitzungen zur Verfügung und erbaten sich von Citeaux die Stiftung eines Klosters.

Alten-Campen ist die Mutter fast aller west- und norddeutschen Cistercienserklöster. Wir sehen die Cistercienser in verhältnissmässig kurzer Zeit sich immer mehr unserer Gegend nähern. Zunächst von Alten-Campen aus wird Amelungsborn a. d. Weser gestiftet, zu dessen erstem Abte der Mönch Henricus 1123—1125 gewählt wird. Dieser Abt Heinrich wiederum entsendet, auf Wunsch des Grafen von Sommereschenburg, Friedrich's II., Pfalzgrafen in Sachsen, den Mönch Bodo nach Marienthal bei Helmstedt, um daselbst 1138 ein neues Kloster der Cistercienser zu gründen.

Amelungsborn ist auch neben Alten-Campen die Mutter des Klosters Riddagshausen*) so dass sich für dieses der folgende Stammbaum ergiebt:

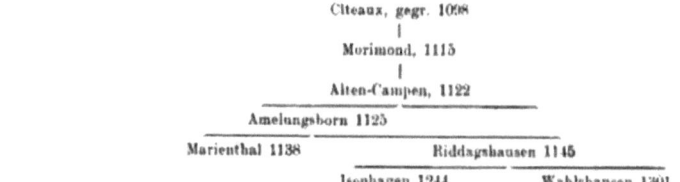

*) Rodenseusa, Redaseusa in Saxonia, Ridachshusen, Redageshausen, Ridachesekke, Redaashaec, Reddegeshusen, Reddagheshusen.

Abtswappen von der Kanzel.

I. Geschichte des Klosters.*)

Um die Mitte des zwölften Jahrhunderts dehnte sich östlich vor den Thoren Braunschweigs ein weites Bruch aus; zahlreiche sandige Anhöhen ragten aus demselben hervor. Nördlich wurde das Bruch von dem Schunterflusse, westlich von der Oker begrenzt, während mitten hindurch die Wabe ihren Lauf zur Schunter nahm. In westlicher Richtung führte ein Dammweg, als Theil der grossen Heerstrasse, die über Magdeburg führend, schon früh den Süden mit dem Norden Deutschlands verband, durch das wasserreiche Gelände. Die Anhöhen waren bereits in vorchristlicher Zeit bewohnt gewesen, wie zahlreiche Funde an Urnen und Feuersteinarbeiten bezeugen; im zwölften Jahrhundert finden wir auf verschiedenen derselben Siedelungen, Edelsitze und Meierhöfe. Der Gedanke lag wohl nahe, das Bruchland ertragsfähig zu machen, und niemand war hierzu mehr geeignet als der Orden der Cistercienser, dessen Mitglieder nach dem Willen des Stifters durch Kampf und Arbeit das Wohlgefallen Gottes und die ewige Seligkeit erlangen sollten. Die Cistercienser besassen als Kulturtechniker einen wohlbegründeten Ruf; dabei vernachlässigten sie Kunst und Wissenschaft keineswegs. Nach dem Gebote des heiligen Bernhard sollte der Cistercienser Bauer, Handwerker, Gelehrter und Mönch zugleich sein. So kann es uns nicht wundern, dass gerade sie zur Urbarmachung des Sumpflandes um Braunschweig berufen wurden.

---

*) Eine eingehendere Geschichte des Klosters zu geben, würde über den Rahmen der vorliegenden Arbeit hinausgehen; es sei deshalb auf die am Schlusse des Werkes angegebenen Quellen verwiesen.

Ein Ritter Ludolf von Wenden wandte sich im Jahre 1145 an den Abt des Cistercienser-Klosters Amelungsborn und erbat sich von ihm die zur Stiftung eines neuen Klosters erforderliche Anzahl von Mönchen und Laienbrüdern. Er stattete seine Stiftung mit sechs Hufen Land aus, und Herzog Heinrich der Löwe, welcher im benachbarten Braunschweig auf seiner Burg Dankwarderode Hof hielt, bestätigte nicht nur die Stiftung, sondern fügte, in Anerkennung des hohen civilisatorischen Berufs der Cistercienser, im folgenden Jahre die Villa Riddagshausen hinzu, so dass die Mönche einen Besitz von etwa 18 Hufen Land ihr Eigen nennen konnten. Die Villa Riddagshausen war zur Gründung des Klosters sehr gelegen. Nicht weit ab von der vorgenannten Heerstrasse und der Schutz bietenden Burg des Löwenfürsten lag sie auf trockener Stelle inmitten des Bruchs in unmittelbarer Nähe des „Nussberges", welcher für die Klostergebäude die Steine liefern konnte. Der Wabebach umfloss die Siedelung und konnte leicht zu Zwecken des Klosters dienstbar gemacht werden.

Die erste Niederlassung der von Ludolf v. Wenden berufenen Mönche lag südöstlich von Riddagshausen auf dem „Kaulenfelde" und wurde schlichtweg „Marienzelle" genannt. Das in der Nähe dieser Stelle belegene Dorf heisst noch heute „Möncheschöppenstedt", und noch im ersten Drittel d. Jahrh. stand hier ein altes, von einem Förster bewohntes, die „Klus" genanntes Haus. Die hier errichteten Baulichkeiten sind ohne Frage nur ganz einfache Blockhäuser gewesen, welche so lange zur Unterkunft dienten, bis die Steinbauten in Riddagshausen bezogen werden konnten. Im Jahre 1146 müssen die Mönche schon in Riddagshausen gewesen sein, denn eine diesem Jahre entstammende Urkunde des dem Kloster vorgesetzten Bischofs Rudolf von Halberstadt ist schon an die Brüder in Riddagshausen gerichtet und von Rotpertus, Abt des Klosters Riddagshausen, bezeugt. 1147 nahm der Papst Eugen III. das Kloster in besonderen Schutz. Die vom 15. October datirte Bulle verfügte, dass, welche Besitzungen und welche Güter der Abt Robert von Marienzelle und seine gegenwärtigen sowohl als zukünftigen Brüder, welche sich für immer dem Klosterleben geweiht haben, in gerechter und kanonischer Weise besitzen oder in Zukunft durch Ablass der Päpste, Schenkung der Könige und Fürsten, Opfer der Gläubigen oder in anderer rechtmässiger Weise erlangen werden, denselben gesichert und unangerüttelt verbleiben sollen. „Was den Ort selbst anbetrifft, auf welchem die Abtei erbaut ist und das Vorwerk ‚Counis'", so fährt die Bulle fort, „so soll fürwahr! Niemand von euren Arbeiten, die ihr mit eigenen Händen oder Kosten geschaffen oder zur Ernährung des Viehes, den Zehnten von euch zu ziehen sich erlauben. Wir bestimmen daher, dass es durchaus keinem Menschen erlaubt sei, vorbesagtes Kloster muthwillig zu beunruhigen oder die Besitzungen desselben wegzunehmen oder Opfer zurückzuhalten, zu schmälern oder mit welchen Beschwerden immer zu belästigen. Sondern Alles soll denen unverkürzt erhalten werden, zu deren Unterhalt und Fürsorge es für die Folge zu jedwedem Gebrauche verwilligt worden ist. Die Auctorität des apostolischen Stuhles und die kanonische Justiz des Diöcesanbischofs bleibt vorbehalten. Wenn also künftig jemals eine kirchliche oder weltliche Person, welche dies Blatt unserer Constitution kennt, gegen dieselbe verwegen aufzutreten versuchen sollte, wenn die Person, zwei oder dreimal erinnert, nicht den Schaden durch eine angemessene Genugthuung beseitigt haben sollte, so soll sie ihrer Macht, Ehre und Würde verlustig gehen und sich nach göttlichem Gerichte wegen der begangenen Unwürdigkeit für schuldig erkennen und von dem allerheiligsten Leibe und Blute Gottes und unseres Herrn Jesu Christi ausgeschlossen werden und in der letzten Beichte strengen Strafen unterliegen. Den Übrigen aber, welche diesem Orte seine Rechte bewahren, sei Friede von unserm Herrn Jesu Christo, damit sie auf Erden die Frucht des guten Verhaltens geniessen und bei dem strengen Richter da oben den Lohn ewigen Friedens finden."

Ende Juni 1145 siedelten die zur Gründung des Klosters bestimmten Mönche unter Führung des vom Bischof von Halberstadt eingesetzten Abtes Robert von Amelungsborn nach Marienzelle-Riddagshausen über. Ritter Ludolf von Wenden, der Gründer des Klosters, liess sich in dasselbe aufnehmen, und bald wuchs die Schaar der Mönche und Laienbrüder, sowie der Besitz des Klosters. Mit dem verwandten Benedictinerkloster St. Aegidien in Braunschweig trat das Kloster in nähere Beziehungen und tauschte mit demselben vier Hufen Land ein, welche dasselbe zu Riddagshausen besass. So wuchs der Bestand des Klosters schon im ersten Jahrhundert auf etwa 150 Hufe an und nahm von Jahrhundert zu Jahrhundert zu, bis

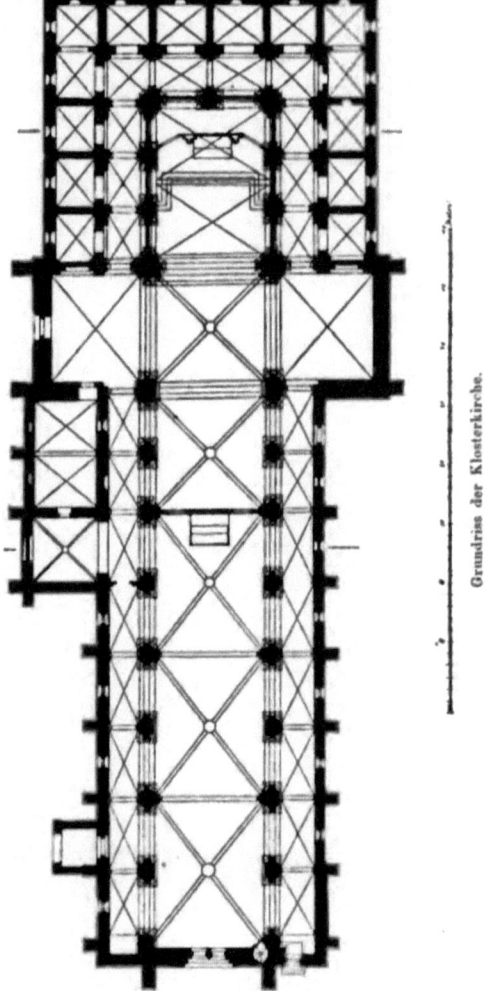

Grundriss der Klosterkirche.

der Stern des Klosters sich zu neigen begann. Ein reges Leben entfaltete sich auf der für das Kloster ausersehenen Stelle; das eigentliche Klostergebiet wurde mit einer hohen Mauer, durch welche ein besonderes Thorgebäude führte, umzogen, die Wohnungen für die Klosterleute, eine Kirche mit den anschliessenden Versammlungs- und Schlafräumen für die Mönche und den Abt, nach der für die Cistercienser vorgeschriebenen Regel errichtet, das Moorland ausgehoben und das Wasser durch Dämme zu zahlreichen Teichen eingefasst.

Wenige Jahre nach der Gründung starb Robert, der erste Abt, und auf Veranlassung Heinrichs des Löwen wurde Conrad, aus Schwaben gebürtig, 1150 zum Abte des Riddagshäuser Klosters erwählt. Conrad war ein Günstling des Herzogs und wurde schon nach kurzer Wirksamkeit als Abt auf den Bischofsstuhl der Diöcese Lübeck erhoben, ein Beweis, dass das Kloster zu Riddagshausen bereits wenige Jahrzehnte nach der Gründung zu hohem Ansehen gelangt war. Die Beziehungen Conrad's zu seinem fürstlichen Herrn haben dem Kloster wohl erhebliche Vortheile gebracht; hatte zwar der Stifter des Cistercienserordens verboten, Zehnten oder Emolumente, welche durch fremde Arbeit entstanden waren, in den Besitz der Klöster zu bringen, so erlangte dennoch das Kloster einen Vortheil nach dem andern. Bischof Rudolf von Halberstadt überwies dem Kloster den Zehnten zu Riddagshausen, sowie von einer Hufe Land in Sutherheim, jetzt Sorsum bei Hildesheim, welcher bis dahin dem Dorfe Athelevessen gehört hatte. Im Jahre 1179 vertauschte der Abt Amelung vier Hufe Land, welche das Kloster von Guncelin von Lenghete in Soleske erhalten hatte, gegen andere vier Stücke Landes zu Offleben, welche die Kanonici der Marienkirche zu Hildesheim besassen; dazu kam noch eine Hufe, welche das Kloster in dem Dorfe Lerze besass. 1190 tauschte das Kloster vom Herzoge Heinrich d. L. $7^{1}/_{2}$ Hufe zu Offleben und 3 Hufe zu Alogathisdorph (Alversdorf) gegen ebensoviel Land zu Hausleben, Winnigstedt und Offleben. Weitere $3^{1}/_{2}$ Hufe erwarb sich das Kloster zu Offleben durch Tausch mit Ludolf, dem Vogte Heinrichs des Löwen zu Braunschweig, gegen Ländereien zu Beierstedt, Wobeke, Watenstedt und Weferlingen. Zu Unseburg, Ahlum, Wobeck, Offleben u. a. O. legte das Kloster Aussenhöfe an, die eine Klosteranlage im Kleinen bildeten. 1203 schenkte Kaiser Otto dem Kloster 8 Hufe zu Salzdahlum mit dem dabei liegenden Dorfe. Bedeutenden Zuwachs erhielt das Kloster namentlich unter dem Abte Arnold (1234), welcher alle Eigenschaften besass, die ein Prälat seiner Zeit haben musste. Seine Klugheit und sein gefälliges Wesen öffneten ihm den Weg zur Gnade der Grossen. Keiner von den Gönnern Arnold's starb, ohne nicht seinem Kloster „die Sorge für seine Seele und einen Theil seiner Güter zu vermachen." 1233 erwirbt er zu Hachem (Achim) vier Hufe Land und 1234 vermacht Adolf, Graf zu Schauemburg, dem Kloster einige Stück Land zu Klein- (Mönche-) Scheppenstedt. Fünf Hufe Land, welche das Stift St. Cyriacus vor Braunschweig zu Klein-Scheppenstedt besass, kamen durch Tausch an das Kloster, wogegen vier Hufe zu Weferlingen abgegeben wurden.

Abt Arnold war ein treuer Anhänger seines Fürsten, Herzog Otto's des Kindes;

auch dann noch, als der Bischof von Halberstadt, sein geistlicher Vorgesetzter, sich offen mit den Feinden des Herzogs verbündete. Diese Feinde aber, König Heinrich und Otto von Bayern, wollten dem jungen Welfen sein Erbtheil Braunschweig, vor allen Dingen die Stadt, entreissen. Noch ehe des Königs Macht vor Braunschweig angelangt war, bezog Herzog Otto bei dem Kloster Riddagshausen ein Lager, um von hier aus die Unterhandlungen und Feindseligkeiten gegen die zum grössten Theil königlich gesinnte Stadt zu eröffnen. Durch Abt Arnold hauptsächlich wurde Herzog Otto wieder in den Besitz der Stadt gesetzt.

Abt Arnold war aber nicht nur auf äussere Bereicherung und Ansehen seines Klosters bedacht, sondern er hielt unter seinen Mönchen streng die Regeln des heil. Bernhard aufrecht und pflegte die Wissenschaften, welche unter seiner Leitung blühten. Jeder suchte unter den Klosterbrüdern den andern an Frömmigkeit, Enthaltsamkeit und Wissensdrang zu übertreffen. Ein Klosterbruder, Balduin, vor 1220 Vogt von Braunschweig, war so streng gegen sich selbst, dass er deshalb oft von Abt und Novizenmeister getadelt werden musste. In Folge der vielen Nachtwachen und Anstrengungen wurde er schliesslich schwachsinnig. In einer Nacht, als alle Brüder schliefen, stand er auf, eilte in die Kirche auf den Chor der Novizen, band den Glockenstrang um seinen Hals und sprang so in das Schiff der Kirche hinab. Durch das Anziehen des Stranges ertönte die Glocke; der Küster und die Klosterbrüder eilten herbei und schnitten den fast Erdrosselten vom Strange ab; doch führte er nur noch ein kümmerliches Dasein.

Arnold ist vielleicht der bedeutendste Abt unseres Klosters; an ihn wandte sich auch 1244 Agnes, des Pfalzgrafen und Herzogs zu Sachsen Heinrich Wittwe, um im Dorfe Isenhagen bei Lüneburg ein neues Mönchskloster nach den Cistercienser-Regeln zu stiften.

Zwölf Riddagshäuser Mönche wurden von ihm zur Gründung des Klosters nach Isenhagen geschickt; 1259 schon brannte dieses Tochterkloster von Riddagshausen unter Abt Dithmar gänzlich nieder, worauf es vom Bischof von Hildesheim nach Beckerode, später Marienrode genannt, bei Hildesheim verlegt wurde. Eine andere Tochter Riddagshausens ist das 1301 gegründete Kloster Wahlshausen, jetzt Wilhelmshausen a. d. Weser genannt.

Auch unter den Nachfolgern Arnold's sehen wir die Besitzungen und Gerechtsame des Klosters anwachsen. Im Jahre 1254 erhält das Kloster den Zehnten von Meerdorf und 1263 erwirbt der Abt Johann der Erste von den Gebrüdern Luthard von Meinerssem den Zehnten von dem Dorfe Wobek und wenige Jahre später von demselben Adelsgeschlechte verschiedene Hufe Land in Meerdorf. Auch andere Adelsgeschlechter aus der Nachbarschaft der Besitzungen des Klosters vermehrten den Zuwachs desselben, so dass schliesslich ganze Dörfer dem Kloster gehörten. Vielfach waren diese Schenkungen sog. Memorienstiftungen, welche nicht nur dem Convente freie Mahlzeiten gewährten, sondern auch in reichlicher Weise für die Armen sorgten. So stiftete 1271 ein Gebhard von Bortfeld dem Convente alljährlich einmal eine Mahlzeit aus Fischen, Weissbrot und Wein, eine ewige Lampe in der von ihm erbauten Johannis-Capelle und jährlich 32 Schock Brot für die Armen; auch Joh. v. Gadenstedt machte 1291 eine ähnliche Stiftung. Häufig erkauften sich die Adeligen ein Begräbniss in der Kirche des Klosters oder im Kreuzgange desselben durch Stiftung solcher Memorien, wie z. B. Joh. von Honlage im Jahre 1310, welcher den Mönchen am Tage Corporis Christi Sauerkraut mit Fischen und Wein vermachte, wofür sie an diesem Tage eine Seelenmesse für den Stifter lesen mussten.

Im Jahre 1268 gründete das Kloster in der Stadt Braunschweig einen Mönchshof, welchen es 1286 durch Ankauf des angrenzenden Hofes der Herren von Werle und 1337 durch Erwerbung des „grauen Hofes" des Klosters Marienthal mit Genehmigung des Rathes vergrösserte. Die Besitzung lag auf dem Bohlwege an der Stelle des jetzigen Schlossplatzes und hatte den Namen „grauer Hof" nach der Kleidung der Cistercienser erhalten. Eine Kapelle, dem Apostel Thomas und dem Märtyrer Stephanus, dem Schutzpatron des Bisthums Halberstadt, geweiht, errichtete hier das Kloster aus eigenen Mitteln. Am Ritterbrunnen in Braunschweig besass das Kloster einen Garten und zwei „Buden". Auch in Helmstedt und in Magdeburg gründete das Kloster eigene Höfe. Vielfach legte das Kloster Mühlen an oder erwarb sich in den Dörfern das Mahlrecht; an der Saline zu Salze bei Magdeburg, sowie an der Saline zu Lüneburg war Riddagshausen ebenfalls betheiligt.

Choransicht der Kirche.

Mit dem Benedictiner-Kloster St. Aegidien in Braunschweig trat Riddagshausen in eine besondere Brüderschaft ein, wie denn überhaupt die Benedictiner mit den Cisterciensern in eine solche Gemeinschaft eintraten. Die Brüderschaften hatten den Zweck der gegenseitigen Unterstützung und Mittheilung guter Werke, so dass es möglich war, wie der Chronist sagt, dass die Benedictiner von Braunschweig nach Rom reisen konnten, ohne viel auf eigene Kosten zu verzehren, da sie meistens bei ihren Brüdern essen und schlafen konnten.

Die Gastfreundschaft des Klosters Riddagshausen wurde übrigens nicht nur von Mitgliedern verwandter geistlicher Orden, sondern auch von Laien in Anspruch genommen. Die Armen wurden an der Klosterpforte gespeist und Freitags nach allen Quartalen, sowie am Gründonnerstage mit Roggen und Heringen bedacht. Nach einer noch erhaltenen Klosterrechnung wurden täglich etwa 10—12 Arme gespeist. Bei einer Theuerung im Jahre 1316 stieg die Zahl der am Klosterthore Gespeisten auf täglich 400 Menschen, wofür die kräftigsten im Sommer bei der Ernte mithelfen mussten. Selbst noch unter den evangelischen Aebten genoss Riddagshausen den Ruf einer gastfreien Stätte, so dass bei der Abnahme der Rechnungen darüber geklagt wird, es würde zu viel für die Fremden gethan.

Auch auf dem Missionsfelde sehen wir Riddagshäuser Mönche wirken; 1244 finden wir den Prior von Riddagshausen als Missionar in Livland unter den Esthen erfolgreich thätig. Als er seinen Posten verlassen und in das Kloster zurückkehren will, wird er ausdrücklich vom Papst Honorius III. ersucht, die Bekehrung der Esthen fortzusetzen.

Das Ansehen der Aebte in Riddagshausen war auch unter der Geistlichkeit Braunschweigs so sehr gestiegen, dass Papst Alex. IV. 1225 den Abt zu Riddagshausen beauftragte, darauf zu achten, dass die aus dem Hildesheimer und Halberstädter Diöcesan-Verbande gelösten Kloster-, Stifts-, Pfarrkirchen und Kapellen der Stadt Braunschweig von Niemandem unbefugter Weise belästigt würden. Die Belästiger sind, wie die Urkunde sagt, nach eingeholter Appellation durch Kirchenzucht zur Ordnung zurückzubringen. Wirklich versuchte auch Bischof Otto von Hildesheim, sich gegen dieses Gebot aufzulehnen, er wurde daher vom Abt zu Riddagshausen excommunicirt. Bald nach der Excommunication starb Bischof Otto plötzlich am 4. Juli 1275. —

Im 13. Jahrhundert herrschte unter den Riddagshäuser Mönchen eine rege bauliche Thätigkeit. Von dem Kapellenbau in Braunschweig war schon die Rede; in Riddagshausen selbst war das bedeutendste Bauwerk des Klosters, die grosse Kirche, im Bau begriffen. Der Bau der Kirche war 1278 vollendet; am 15. Juni 1278, am Tage des heiligen Vitus, wurde der Neubau unter dem Abte Ludolf feierlichst eingeweiht.

Die kleine Kapelle am Eingange des Klosters sowie die Kapelle im jetzigen Amtsgarten sind ebenfalls Bauten dieses Jahrhunderts. —

Bisher hatte das Kloster das Recht für sich allein in Anspruch genommen, im nahen Nussberge Steine brechen zu dürfen; am 31. März 1278 gestand aber Abt Ludolf nach langem Streite der Stadt Braunschweig dasselbe Recht zu.

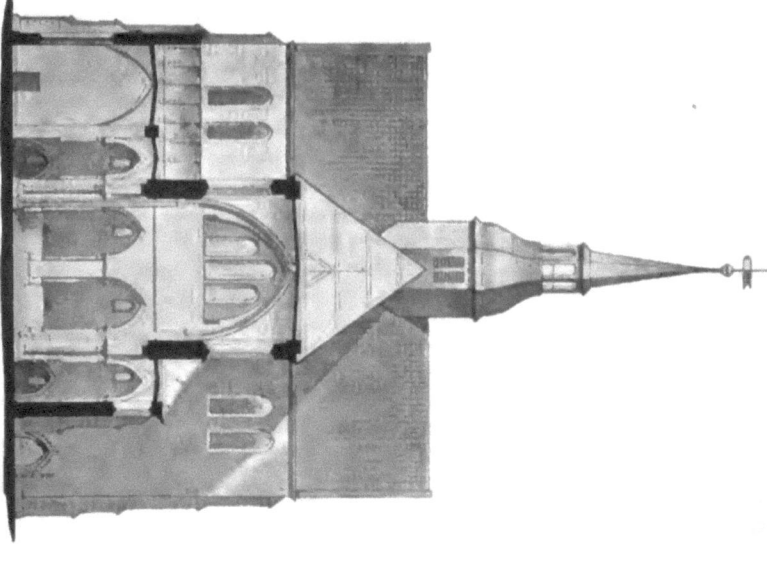

Querschnitt durch das Schiff der Klosterkirche nach Osten gesehen.

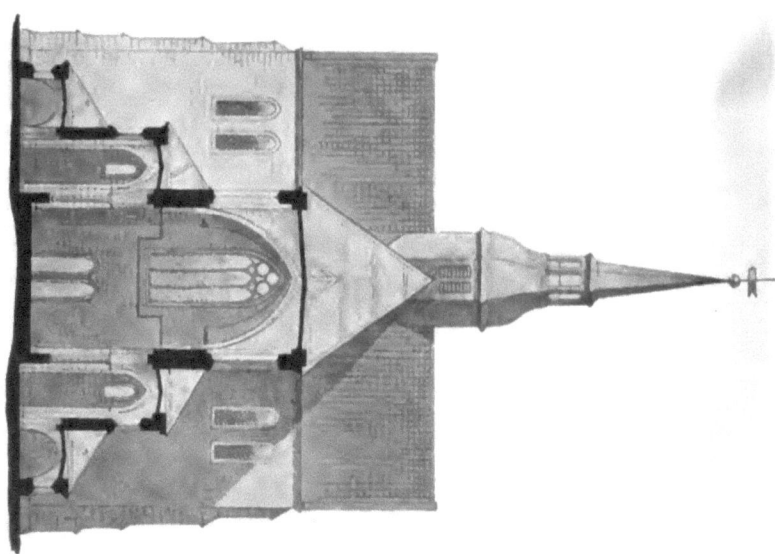

Querschnitt durch den Chor der Klosterkirche nach Westen gesehen.

Unter einander standen die Cistercienser-Klöster im lebhaftesten Verkehr; abgesehen von den alljährlich besuchten Generalkapiteln kamen die Aebte benachbarter Cistercienser-Klöster bei jeder grössern Feierlichkeit zusammen.

1209 wurde zu Walkenried ein Kapitel von 52 Cistercienser Aebten abgehalten, welchem der Abt Balduin von Riddagshausen beiwohnte. Dieser Convent ist noch berühmt geworden durch die Gegenwart Kaiser Otto's IV., ein Beweis, in welchem Ansehen die Cistercienser damals standen.

Am 15. October 1409 wurde das von dem Abte Giselerus erweiterte Kloster Amelungsborn vom Bischof Hildebrand von Salder zu Ehren der Jungfrau Maria eingeweiht, wobei unter andern der Abt Burchard von Riddagshausen zugegen war.

Das Visitationsrecht übte Riddagshausen nicht allein auf das Tochterkloster Marienrode aus, sondern es ging sein Einfluss auch über andere ältere Klöster, so z. B. über Marienthal, welches Abt Didericus mit dem Abt Henricus von Amelungsborn 1337 visitirte. Bei dieser Gelegenheit trat auch der Abt Johann von Marienthal die beim „Grauen Hofe" in Braunschweig belegenen Grundstücke, welche seinem Kloster gehörten, an Riddagshausen ab. —

Zur Schlichtung von Streitigkeiten wurde Riddagshausen verschiedentlich angerufen.

Schon 1220 schlichtete Abt Conrad II. einen Streit zwischen dem Propst und den Mönchen im Kloster Lauterberg bei Halle in Sachsen, wozu er mit den Aebten von Walkenried und Michaelstein von Rom aus aufgefordert wurde.

Abt Herwick, nach andern Henricus genannt, aus dem freiherrlichen Geschlechte derer von Veltheim, schlichtete 1322 einen Streit zwischen Basilico von Rautenberg und dessen Schwiegersohn Florian von Dahlem, welcher über ein dem Kloster Marienrode gehöriges Stück Land entstanden war.

1353 legte Abt Eggeling einen Streit bei, in welchen das Kloster Marienrode mit dem Bischof von Hildesheim, Herzog Heinrich zu Braunschweig, gerathen war. Herzog Heinrich hatte auf dem Grund und Boden des Klosters eine Befestigung errichtet, um von hier aus seine aufrührerische Stadt Hildesheim im Zaume halten zu können.

Am 15. Juli 1389 brachte Abt Hermann v. Riddagshausen einen Vergleich der Braunschweiger und Hannoveraner zu Stande.

1413 am 16. und 17. August kam durch Vermittlung des Abtes Burchard zu Riddagshausen ein Einigungsversuch der Stadt Braunschweig und der Stifter St. Blasius und St. Ciriacus in der Stadt zu Wege. —

Sehen wir hier die Aebte von Riddagshausen als Vermittler von streitenden Parteien erscheinen, so scheuten sie auf der andern Seite auch nicht, selbst ihr Recht im Streite zu suchen. Wegen Wald-, Feld- und Wiesenstreitigkeiten lag das Kloster mit den adeligen Nachbaren häufig im Streite; so 1248 mit den Herren von Biewende, 1273 mit dem Grafen von Woldenburg etc.

Mit den Herzögen von Braunschweig stand das Kloster nicht immer auf freundschaftlichem Fusse. Abt Hermann lag in offener Fehde mit dem Herzoge Albrecht dem Grossen. Abt Herwick oder Henricus war 1322 mit dem Grafen zu Wernigerode über den Fuss gespannt, so dass es zu offener Fehde kam. Die von Wernigerode zerstörten das dem Kloster gehörige Dorf Wobeke, die Bauern zu Hotzelln und Sickte versagten dem Kloster den Gehorsam, die Feinde der Herzöge Otto, Magnus und Ernst zerstörten das Klostergut Offleben; kurz das Kloster erlitt durch den streitlustigen Abt Herwick bedeutenden Schaden.

Im November 1383 war Riddagshausen auch mit 30 Mark an der Bürgschaft betheiligt, welche die Stadt Braunschweig für Herzog Otto wider Herzog Friedrich übernommen hatte. —

Mit den Streitigkeiten der Aebte beginnt der Glücksstern des Klosters zu sinken. Unter Abt Dietrich im 14. Jahrhundert kam das Kloster in die dürftigsten Umstände, so dass die Mönche gezwungen waren, ihre Aecker ohne vielen Nutzen zu verpachten, sich selbst theilweise ausserhalb des Klosters in Kost zu geben.

Die Mönche arbeiteten auch nicht mehr allein für den eigenen Bedarf, sondern verkauften die im Kloster erzeugten Producte. 1325 bewog aber der Rath zu Braunschweig die Mönche in Riddagshausen, im Interesse der städtischen Tuchmacher nicht mehr Tuch, als zum eigenen Bedarf nöthig, im Kloster anfertigen zu lassen.

Im Jahre 1493 wüthete in ganz Deutschland die Pest; in Riddagshausen starben binnen Monatsfrist 36 Mönche daran; die übrigen retteten sich durch die Flucht. Zurückgekehrt in ihre Zellen, wurden unter Zulauf vielen Volkes Processionen und feierliche Gebete angestellt, — aber anstatt die Pest damit zu verbannen, kehrte sie aufs Neue zurück.

Erst unter Abt Ebert, in der letzten Hälfte des 15. Jahrhunderts, glänzte dem Kloster der erste Sonnenstrahl wieder; das Kloster muss unter seiner und seines Vorgängers Regierung zum alten Reichthum gelangt gewesen sein.

Zunächst erbaute er 1478 für die stattliche Büchersammlung ein eigenes Bibliothekgebäude, der Kirche gegenüber an der Südseite des Kreuzganges. Schon seit den ersten Jahren des Bestehens des Klosters haben die Mönche, wie dieses von Citeaux aus vorgeschrieben war, an der Errichtung der Klosterbibliothek gearbeitet. Die Mönche Riddagshausens zeichneten sich auch durch Fleiss in den Wissenschaften aus, durch Anfertigung von Abschriften und der Chronik des Klosters. Bei einer Inspection durch Cardinal Nicolaus de Cusa 1451 wurden sie besonders belobt. Zu den fleissigsten Schriftstellern des Klosters gehört der 1372 nach Marienrode sehr wider seinen Willen versetzte Bibliothekar Joh. Oldendorp. Schon vor dem Jahre 1370 finden wir auf deutschen und nichtdeutschen Universitäten Riddagshäuser Mönche als Studenten eingeschrieben: so Heinrich von Evessen vor 1370 in Prag, und nachdem Prag sich infolge Huss's Auftreten von deutschen Studenten entvölkerte, ging eine ganze Reihe seiner Klosterbrüder auf die neu gestiftete Universität zu Leipzig. Auch in Göttingen und Erfurt finden wir Riddagshäuser Mönche als Studenten verzeichnet. So studirten in Leipzig die Riddagshäuser Mönche: 1435 Burchard, 1449 Matthias Gattensen, Heinrich aus

Osterode, 1464 Burchhard aus Helmstedt, Heinrich aus Schöningen, 1468 Dithmar, 1474 Albrecht, 1476 Johann und Heinrich, 1478 Conrad Stalberg, 1481 Henning, 1485 Peter Brandenburg, 1508 Johann Priester aus Riddagshausen, Richard, Diaconus, 1509 Johann Ruffker, Andreas Seehausen, 1511 Henning Saurbrode, Helmold Brunswyk, 1513 Tilemann Blickwedel, 1514 Helebrand, 1515 Marquard Renau, 1520 Michael Dän, Lambert Balff (v. Balven), Ludolf Russau, 1521 Anton Dickhardt.

Auf der Universität Erfurt finden wir 1452 Berthold von Göttingen aus Riddagshausen eingeschrieben.

Einige dieser gelehrten Klosterbrüder erwarben sich sogar den Titel eines Magisters oder Baccalaureus, wie der oben genannte Heinrich aus Osterode 1449 in Leipzig.

Ebert, der Abt unseres Klosters, erwirkte auch durch den Abt von Alten-Campen für schweres Geld die bischöfliche Inful oder Bischofsmütze an Stelle der Insignien des Abtes. 1482 wurde sie ihm unter Assistenz der Aebte von Amelungsborn, Marienthal und Marienrode feierlichst und unter grossem Zudrange des Volkes vom Gehilfen des Bischofs von Halberstadt aufgesetzt. Von dieser Zeit an führte das Kloster den doppelköpfigen deutschen Adler im Wappen, um sich als freies Reichsstift zu documentiren.

Aber noch unter demselben Abt Ebert sollte das Kloster von schweren Kriegsdrangsalen heimgesucht werden.

Fast bei allen Belagerungen der Stadt Braunschweig ist Riddagshausen der Mittelpunkt des Belagerungsheeres gewesen.

Die Herzöge Heinrich und Erich belagerten 1492 die auf ihre Macht und Hansa-Hilfe trotzende Stadt. Das erste Lager der Herzöge war vor dem Wendenthore, in den Weinbergen; aber von hier aus vermochten sie nichts gegen die starke Festung auszurichten. Ende September brach der Herzog früh morgens auf und zog mit seinem Volke nach Riddagshausen, um dort Winterquartier zu beziehen. Noch an demselben Tage wurde Riddagshausen mit Gräben, Brustwehren und Schanzen umgeben. Das Kloster war mit einer Mauer, wenn auch nicht zu Vertheidigungszwecken, umzogen und eignete sich so besonders zur Vertheidigung gegen Ausfälle der Bürger.

Hinter dem Kloster wurde ein grosser Platz abgesteckt, auf welchem die Herzöge öffentlich Markt hielten. Krüge und Bierschenken wurden aufgeschlagen; Heu, Stroh, Brot und Korn mussten die Bauern bringen; und was sie nicht brachten, holten die Soldaten, wo sie es fanden. Die zwar freundlich gesinnte Besatzung herrschte aber keineswegs freundlich im Kloster. Namentlich hat den fremden Herren das Klostergebräu — die Schüdde-Kappe — vorzüglich gemundet, und im Kloster ging es her, wie in einer Zechstube. Man erzählt sich, dass Bose v. Bismark an Heinrich v. Veltheim seine Beute, die er in der Stadt zu machen hoffte, für acht Stübchen Malvesier, 40 Stübchen Rheinwein und 8 Fass Eimbecker Bier verkaufte. All' dieses Getränk soll der von Bismark in zwei Wochen allein ausgetrunken haben.

Vom Kloster aus wurden häufig Ausfälle nach der Stadt gemacht, ebenso kamen auch die Bürger bis vor die Thore des Klosters. Schlägereien und Scharmützel kamen täglich unter den Mauern des Klosters vor. Das Kloster wurde auch von der Stadt aus beschossen, aber ohne jeden Erfolg. Selbst die mit 3 bis 4 Centner schweren Steinkugeln geladene faule Mette, das grösste 180 Centner wiegende Geschütz der Stadt, vermochte nichts gegen das Kloster auszurichten; die Kugeln fielen weit vor ihrem Ziele auf dem Wege vor dem Kloster nieder.

Erst nach langen Kämpfen gelang es den Fürsten, die Stadt zu unterwerfen, wodurch auch Riddagshausen von seiner vandalischen Besatzung befreit wurde. Sofort ging Abt Ebert daran, den im Kloster angerichteten Schaden wieder herzustellen. Herzog Heinrich war aber durch die „marklichen Nöten" bedeutend in Schulden gerathen, aus welchen ihm die unfreiwilligen Gastgeber in Riddagshausen mit einem Darlehen von 3000 rhein. Gulden im Jahre 1501 heraushelfen mussten.

Aber nur wenige Jahre der Ruhe waren den Klosterbrüdern vergönnt; noch ganz andere unheilvolle Zeiten sollten hereinbrechen.

Die Reformation hatte das deutsche Reich in zwei mächtige Lager getheilt, den Zwiespalt geworfen in Stadt, Land und Geschlechter.

Die Stadt Braunschweig hatte sich schon sehr früh der lutherischen Lehre zugewandt. Herzog Heinrich der Jüngere von Braunschweig aber stand an der Spitze der Katholiken und wollte mit Gewalt seine Hauptstadt wieder in die Arme der allein selig machenden Kirche zurückführen.

Mit einem 22000 Mann starken Heere rückte er in seine Lande ein; am 18. Juli 1542 schickte ihm die Stadt den Absagebrief zu. Alles, was katholisch gesinnt war, wurde aus der Stadt verwiesen, Stiftsherren, Mönche und Bauern.

Noch in der Freitagsnacht am 21. Juli ritten 40 Reiter hinaus und überwältigten das Kloster Riddagshausen, am andern Tage folgten unter dem chursächsischen Landvogt, Ritter v. Myla, 2000 Reiter und 1500 Mann zu Fuss.

An der Spitze des Klosters stand der Abt Lambert v. Balven; dieser, welcher sich durch List und unerlaubte Künste 1536 zum Abte emporgeschwungen hatte, war Hof-Kaplan und ein intimer Freund des katholischen Herzogs.

Als die von Braunschweig heranrückten, weigerte er sich, Bedingungen mit den Lutherischen einzugehen, erklärte sich offen als Feind der Stadt und Freund seines Herzogs. Infolge dessen ward seinem Kloster eine arge Behandlung zutheil.

Der Rath der Stadt setzte sich fast fünf Jahre lang in den Besitz der Klosterhöfe, Renten und Zinsen, während Abt Lambert mit den Häuptern des schmalkaldischen Bundes — Churfürst Johann Friedrich von Sachsen und Landgraf Philipp von Hessen — einen Abfindungsvertrag für sich und den Convent abschloss, welcher den Klosterleuten eine Existenz nach der Vertreibung aus dem Kloster sicherte.

Am Sonntage nach der Einnahme predigte ein lutherischer Pfarrer im Kloster; hierzu waren die umliegenden Dorfpfarrer befohlen, und der Ritter von Myla stellte ihnen seinen Schutz in Aussicht, wenn sie sich unter den Gehorsam des Churfürsten von Sachsen und des Landgrafen von Hessen begeben, Gottes Wort den Leuten lauter und rein lehren und nach „Ordre" im Churfürstenthum und in der Stadt Braunschweig sich halten wollten.

Endlich, nach fast vierzehntägiger Heimsuchung, am Mittwoch nach Jacobi, brach das Lager auf und zog nach Steterburg.

Nach Abzug der Soldaten ward Riddagshausen, um fernern Zerstörungen vorzubeugen, mit Braunschweiger Bürgern besetzt; der Rath erliess den Befehl, dass Niemand hinfür sich daran vergreifen sollte.

Allmälich kehrten auch die Mönche und ihr Abt wieder zurück. Doch die Wuth der Städter auf Alles, was mit dem Herzog zusammenhing, war zu gross. Nur ihm zum Trotz brannten sie verschiedene Gebäude des Klosters nieder oder rissen sie ab. Riddagshausen war aber auch in der That ein zu guter Schlupfwinkel in grösster Nähe der Stadt für die Katholischen, und manch verrätherischer Plan wird in seinen Mauern gediehen sein. Der Abt des Klosters, Lambert v. Balven, war bitter gehasst, als Freund des Herzogs; in Glaubenssachen der Reformation nicht abgeneigt, hielt er es doch mit dem katholischen Herzog, um bei ihm zu Ruhm und Ehre zu gelangen. 1549 suchte er sich verrätherischer Weise in den Besitz der Stadt zu setzen. In Verbindung mit dem Grossvogt von Wolfenbüttel, Balthasar von Stechan, überredete er vier Bürger der Stadt, darunter einen Hauptmann Werner Gralherm und zwei Kleinschmiede und einen Grobschmied, ihm die Schlüssel zum Steinthor zu verschaffen und „die Stadt an etlichen Stellen anzustecken." Der Herzog sollte mit seinen Reitern zu Riddagshausen im Hinterhalt liegen, zur bestimmten Zeit hervorbrechen und die Stadt überrumpeln. Doch der Anschlag wurde verrathen. Die vier verrätherischen Bürger wurden eingezogen, geviertheilt und gerädert. Das Kloster selbst wurde von den Städtern spottweise jetzt nur noch „Verräthershausen" genannt.

In Folge des nimmerruhenden Streites zwischen der Stadt und ihrem Fürsten sollte dem Kloster Riddagshausen noch einmal und ein viel ärgerer Besuch zu Theil werden.

Herzog Heinrich hatte 1550 bei Melverode sein Lager aufgeschlagen und befahl einer Abtheilung seines Heeres, Heu und Stroh aus dem Kloster Riddagshausen zu holen; doch als die Städter dieses vernahmen, fielen sie aus und schlugen die Soldaten des Herzogs vollständig in die Flucht. Noch in derselben Woche, am 15. Juni, überfielen die Braunschweiger das Kloster selbst, um schlimmer denn je darin zu hausen. Zunächst wurde das Kloster rein ausgeplündert, so dass, wie der Chronist sich ausdrückt, nichts übrig blieb. Alles was sie fanden, wurde zerschlagen und verwüstet, so dass nach den Worten des Chronisten kein Sparren auf dem Dache, keine Schwelle auf der Erde liegen blieb. Offenbar war es auf eine gänzliche Zerstörung des Klosters abgesehen. Die Kirche und deren Kapellen, so berichtet ein Augenzeuge, der Chor und die Altäre wurden beraubt, Tauf- und andere Monumente, Begräbnisse und Monstranzen, goldene und silberne Bilder, Kelche, Krüge, Edelsteine, Caselen, Leuchter, Kleinodien und Kirchenornat vernichtet und nach der Stadt geschleppt. Das Blei wurde von dem Kirchendach und dem Glockenthurm heruntergerissen, die Orgel, Fenster und Thüren wurden zerschlagen, die Bibliothek wurde gänzlich zerstört, die Bücher wurden zerrissen, verbrannt, die Gewölbe des Kreuzganges eingeschlagen, die Abtei wurde ihres

Zierraths beraubt, aus dem Schlafhause, dem Refectorium und Capitelhause wurden die Betten, Sponden, Kisten, Tische, Bänke, Leuchter, Kannen und Becken geraubt und zerschlagen. Die zahlreichen Wirthschaftsgebäude wurden niedergerissen, das Haus- und Wirthschaftsgeräth wurde mit dem Balken- und Ständerwerk nach Braunschweig gebracht; die Keller ihrer Vorräthe an Wein, Bier, Butter, Käse, Schmalz, Salzwerk, Fischen, Fleisch, Unschlitt und Honig beraubt. Aus dem Backhause holten die zügellosen Banden 300 Scheffel Mehl und 300 Scheffel Hopfen, aus der Küche 300 Scheffel Malz, dazu alle Töpfe, Kessel, Rosten u. s. w. 24 Reisige- und Wagenpferde wurden aus den Ställen gezogen und der Bestand an Schafen, Schweinen, Kühen, Ochsen, Gänsen und Hühnern als willkommene Beute vertheilt. Selbst die Obstbäume und Früchte auf den Feldern blieben nicht verschont, und die achtzehn Teiche wurden ausgefischt, verheert und die Dämme zerstört.

Zerstörungen an einem Pfeiler des Mittelschiffs vor der letzten Wiederherstellung der Kirche.

Die schöne Kirche versuchte man zum Einsturz zu bringen, indem die Pfeiler mit Hacken und anderen eisernen Instrumenten bearbeitet und die Strebepfeiler abgebrochen wurden; selbst Feuer legten sie in dem geheiligten Raume an, um die Pfeiler auseinander zu sprengen. Das grosse Crucifix rissen die Barbaren vom Altare, schlugen dem Gekreuzigten den Kopf ab und hingen es bei einem Arme auf an einen Baum.

Der Augenzeuge schliesst den Bericht mit den Worten: „In Summa haben sie in diesem Kloster und Gotteshause dermassen hausgehalten, dass kein Türke, Tartar oder Moskowiter es ärger hätte machen können."

In der Klageschrift des Klosters vom 8. Juli 1551 wird der Schaden auf 40000 Gulden, sammt den mehrjährigen, zu 16000 Gulden berechneten Zinsen dieser Summe, angegeben.

Verwüstete Felder und öde Ruinen fanden die zurückkehrenden Mönche wieder. Aber kaum waren die Felder bestellt und der Brandschutt entfernt, so tobte von Neuem der verheerende Krieg unter den Mauern des Klosters. Graf Vollrath von Mansfeld kam der bedrängten Stadt Braunschweig zu Hilfe, und sein Gesindel zerstörte wieder das kaum erstandene Kloster.

So gerieth das Kloster unter Lambert von Balven in die äusserste Noth; Schulden über Schulden, und die Zinsen konnten nicht bezahlt werden. Aber Abt Lambert verzagt nicht; von Neuem lässt er Bauleute kommen, von Neuem gehen die Mönche an die Arbeit.

Doch 1553 schon wieder verscheucht mit seinen Söldnerschaaren der Markgraf Albrecht von Brandenburg die bauenden Mönche und zerstört, was kaum ihre Hände verlassen. Enttäuscht eilt Abt Lambert nach Wolfenbüttel, um bei seinem fürstlichen Herrn Hilfe und Unterstützung zu suchen. Er kehrte nicht in sein Kloster zurück; voll Gram und Kummer starb er an gebrochenem Herzen daselbst nach wenigen Wochen.

Ihm folgte als letzter katholischer Abt der 1557 gestorbene Jodocus Oppermann.

Auf Lambert's altersschwachen Nachfolger aber folgte ein Mann, von welchem die Gedächtnisstafel in der Kirche erzählt:

„Als nach vertriebenem Feinde der Friede zurückkehrte, ward dies Haus als Heiligthum wieder erneuert.

Das vollbrachte mit grossen Kosten Johannes, der Abt, dem man den Beinamen „Lorbeer" gab."

Wir sehen also, dass Abt Lorbeer zunächst darauf bedacht war, das Kloster aus dem Schutte neu erstehen zu lassen; nach besten Kräften baute er das Zerstörte wieder auf.

Aber hierdurch hat er den Namen Lorbeer nicht erhalten. Sein Hauptwerk war die Einführung der Reformation im Kloster. Er war es, welcher den „Spinne-

Die Geschichtstafel.

web sampt dem alten Sauerteig in unsern bevolenen Kirchen so wohl in als ausserhalb des Klosters ausgefeget," er war es, welcher die letzte Schranke des Mönchthums fallen liess und sein Glück im Familienleben suchte.

Am 10. August 1568, am Tage des heil. Laurentius, wurde die letzte katholische Messe gelesen.

Lorbeer starb am 23. Oktober 1586 und ihm folgte in der Abtswürde der Prior des Klosters, Peter Windruve (Weintraube). Abt Peter war ein thutkräftiger und gelehrter Mann, bei seinem Herrn, Herzog Julius, wohl angesehen. War es Lorbeer's Verdienst die Reformation eingeführt, daneben die Klostergebäude, so gut es die Mittel zuliessen, wieder hergestellt zu haben, so richtete Windruve sein Hauptaugenmerk auf die wirthschaftliche Hebung des Klosters. Allein auch ihm sollten schwere Kriegsunruhen nicht erspart bleiben.

Man kannte in Braunschweig genau die Reichthümer des Klosters und benutzte gern eine Fehde mit dem Herzoge Heinrich Julius, das selbst reformirte Kloster zu besuchen.

Am 12. April 1606 rückten Bürger und Kriegsknechte unter Führung eines Hauptmannes Rumpf in das Kloster ein. Die Kirche wurde erbrochen, der Hauptaltar zerschlagen, der Nebenaltar seiner Geräthe und Antependien beraubt; die Altäre der Chorkapellen riss das Volk nieder, schleppte die Kelche und den Kirchenornat nach Braunschweig. Die Hostien wurden zerstreut und mit Füssen getreten, der Gotteskasten erbrochen, der alte Taufstein wurde zerschlagen, das Taufbecken gestohlen. Die eben erst wieder in Stand gesetzte Orgel, den Predigtstuhl, Lesepulte und die Wappen fürstlicher und adeliger Personen rissen die Wüthenden herunter, schleppten die Sachen nach Braunschweig, wo sie das geraubte Gut für ein Spottgeld verkauften. Was man nicht wegschleppen konnte, trug man nach dem Chore zusammen auf einen Haufen und zündete ihn an. Auch jetzt versuchte man wieder die Pfeiler zu zerstören und die Kirche zum Einsturz zu bringen. Die Epitaphien und Gräber wurden zerstört und geschändet; darunter auch das Epitaphium des Bischofs von Minden, Herzogs Franz von Braunschweig, und die Gräber derer von Essbeck, v. Bortfeld, v. Veltheim, des Abtes Lorbeer und eines Knaben v. Löhneysen.

Wie in der Kirche, so ging es im Kloster selbst nicht besser her. In den Kellern liessen die Uebermüthigen in der Trunkenheit das Bier aus den Fässern laufen, so dass man bis an die Knie im Biere stand. Der gesamte Viehstand wurde weggetrieben und geraubt, die Teiche wurden durchgraben und zerrissen, aller Vorrath an Lebensmitteln vernichtet oder weggeschleppt; die Obstbäume brannte man an, rodete die Weinstöcke in dem Kloster-Weinberge am Nussberge aus, schälte die Bäume ab und steckte schliesslich das Kloster in Brand.

Vor solchen Horden musste Windruve flüchten; er zog sich mit seiner Familie nach dem Aussenhofe Offleben zurück. Jedoch war es Windruve gelungen, die den Besitz des Klosters nachweisenden Urkunden zu retten. Die Stadt Braunschweig wurde wegen des in Riddagshausen begangenen Vandalismus in die Reichsacht erklärt. Der Rath der Stadt aber schob alle Schuld an den Verwüstungen auf das Kriegsvolk und söhnte sich mit dem Kloster aus.

Aus dieser Zeit stammt das noch am Ende des vorigen Jahrhunderts gebräuch-

Innenansicht der Klosterkirche.

lich gewesene Herren- oder Kempengelag, durch das alljährlich die Freundschaft zwischen der Stadt und dem Kloster erneuert werden sollte und welches darin bestand, dass der Rath der Stadt um Martini etliche Stübchen Rheinwein durch zwei Bauermeister an das Kloster schickte; dieses aber bewirthete die Abgesandten und beschenkte dieselben mit zwanzig Mariengroschen, sandte auch als Gegenleistung gegen Pfingsten zwei fette Schweine durch den Schweinemeister an den Rath der Stadt Braunschweig.

Das Erbregister von 1604, von Windruve aufgestellt, beweist übrigens, dass „Unpflichten und alter Gerechtigkeit nach" das Kloster der Stadt Braunschweig bereits früher verpflichtet gewesen ist; so kamen des Rathes Diener Montag nach Ostern zum Kloster, um dort gespeist und mit „Remterbier" — „so gut dasselbe vorhanden und so viel sie einbringen können" — bewirthet zu werden. Ebenso die städtischen Schweineknechte am Fastenabend und am Donnerstag nach Pfingsten; selbst der Scharfrichter und die Marktbüttel der Stadt wurden am Gründonnerstage mit Brod und Heringen bedacht. —

Nach der Rückkehr von Offleben scheint Windruve bis zur Wiederherstellung der Klostergebäude auf dem benachbarten Klosterhofe Hondelage gewohnt zu haben; hier wurde ihm 1610 seine Frau durch den Tod entrissen, deren Leichenstein bei der Kirche in Hondelage noch erhalten ist.

Bei der Wiederherstellung des Klosters wurde Windruve durch seinen Fürsten, Herzog Heinrich Julius, dadurch unterstützt, dass dieser einen offenen Brief ausstellte, in dem alle Gläubigen zu einer Beisteuer für den Wiederaufbau des Klosters aufgefordert werden. Langwierige Verhandlungen und Prozesse, so namentlich mit dem Bischof von Hildesheim, wegen der im Hildesheim'schen belegenen Güter des Klosters, waren erforderlich; da durch den Verlust des grössten Theiles des Klosterarchivs der Besitzstand des Klosters gefährdet war, stellte Windruve ein neues Verzeichniss auf, in dem sämmtliche Güter und Einkünfte des Klosters verzeichnet wurden. Trotz der wiederholten Plünderungen und Zerstörungen bekundet das Register einen grossen Reichthum des Klosters.

Besondere Sorgfalt schenkte Abt Windruve der Wiederherstellung der Klosterkirche. Da die Geldmittel nicht ausreichten, die zerschlagenen Pfeiler und Säulen der Kirche in Quadern wieder herzustellen, so half sich Windruve mit künstlichen Steinen aus Gips und Ziegelstücken. Um die Kirche für den evangelischen Gottesdienst brauchbarer zu machen, wurden Emporen in das nördliche Seitenschiff eingebaut, auch wurde durch Errichtung eines zierlichen, reich geschnitzten Lettners das Kirchenschiff zur Predigtkirche umgestaltet. Das zerstörte Westfenster liess Windruve mit neuem Masswerk versehen und mit seinem von Weintrauben umgebenen Abts-Wappen schmücken. Dieses bestand aus dem Reichsadler mit der Bischofsmütze zwischen den Köpfen der Adler oberhalb des schachbrettartig in 16 Felder getheilten Querbalkens*), darunter die gekreuzten Abtsstäbe. —

---

*) Der Querbalken mit der Schachbrettverzierung ist das Wappenzeichen der Cistercienser; während der Balken sonst 12theilig ist, finden wir in Riddagshausen 16 und auf spätern Siegeln sogar nur 10 Theile.

Zur Erinnerung an die überstandenen Unruhen ließ Windruve eine kunstvoll aus Alabaster gearbeitete, bunt vermalte Gedächtnisstafel anfertigen und in der Kirche an dem südlichen Pfeiler neben dem Lettner aufhängen. In der Uebersetzung lauten die lateinischen Verse der Tafel:

Des berühmten und alten Klosters Riddagshausen Gründung, wiederholte Zerstörung und Wiederherstellung.

      Heiligthum Jehova's, des Allgütigen und Erhabensten.
      Ridagus aus dem Geschlechte der Wenden
1145. Und Ludolf haben diese Stätte erbaut.
      Der Braunschweigische Herzog der Löwe, den man nannte den Stolzen,
      Von Jerusalem zurückkehrend, hat sie mit Schätzen bereichert.
      Durch diese stand herrlich in Blüthe das Kloster viele Jahre hindurch,
      Solange das Volk vor dem wilden Feinde gesichert war.
      Als der Krieg den übelhausenden Mansfeld ins Land warf
1542. Und mit ihm die Mark und den Herzog zu den Waffen rief,
      Und der Streit in der Nähe Alles zu rauben begann,
1550. Da gingen alle Güter des Klosters verloren,
      Und verschonte nicht die Flamme die Gebäude. Als nach vertriebenem Feinde
      Der Friede zurückkehrte, ward dies Haus als Heiligthum wieder erneuert.
      Das vollbrachte mit grossen Kosten Johannes, der Abt,
      Dem man den Beinamen Lorbeer gab.
      Dies duldete nicht der Satan, der Frommen bitterster Feind,
      Mit dem Tempel zerstörte er aufs neue dies Haus.
      Denn aufs neue wüthete in der Nähe der verheerende Krieg
      Und schleuderte die Geschosse und Brandfackeln in die geheiligten Räume.
      Grausam war die frühere Verwüstung, doch am schrecklichsten diese,
      Weil das Feuer den ganzen Ort jämmerlich zerstörte,
      Und nicht diesen allein, sondern mit gleicher Wuth die benachbarten Dörfer.
      Da sann ein Jeder traurig auf Flucht.
      Willst Du die Ursache der Schandthat wissen? Es giebt keine, wenn nicht etwa eine des Guten noch.
      Dir aber, o Herr, sei Alles vertraut.
      Durch Dich ist des Ridag's Haus wieder erneuert,
      Besser als zuvor, durch Peter, den Vorstand, der den Beinamen der Traube führt.
      Johannes der Abt hat es errichtet, Peter sein Nachfolger hat es erneut und vermehrt.

Windruve starb 1614 und wurde unter allgemeiner Theilnahme in Riddagshausen beigesetzt; zu seinem Nachfolger wurde der Prior des Klosters Heinrich Scheele, eines Bauern Sohn, erwählt. Unter Scheele's Regiment erhielt die Kirche eine neue Orgel, die reich verzierte Kanzel und für den Taufstein einen kunstvoll gearbeiteten Deckel. Dem Kloster aber sollten Kriegsunruhen auch ferner nicht erspart bleiben. 1615 schlug der Herzog Friedrich Ulrich von Braunschweig sein Lager in der Nähe des Klosters auf und 1629, als der General-Superintendent Tuckermann die Abtswürde bekleidete, vertrieben Pappenheim'sche Reiter den evangelischen Convent, um die Mönche wieder einzuführen. Diese aber hausten im Kloster „wie gemeine Kriegsknechte" und führten ein gott- und sittenloses Leben. Im Jahre 1671 schlug Herzog Rudolph August sein Lager im Kloster Riddagshausen auf, um den Widerstand der Stadt Braunschweig zu brechen; nach vierzehntägiger Belagerung musste sich die Stadt dem Landesfürsten auf immer ergeben.

Nach dem dreissigjährigen Kriege wurde das Kloster säkularisirt und in eine Herzogl. Domaine umgewandelt; in den Klostergebäuden aber richtete die herzogliche Regierung auf den Rath des Abtes Pestorf i. J. 1690 ein Predigerseminar ein. Die mit einem geringen Einkommen versehene Abtswürde wurde an hervorragende Geistliche des Landes verliehen. Unter diesen sind besonders der Abt Dreissigmark, welcher der Klosterkirche einen neuen Hochaltar schenkte, und Jerusalem, der Gründer des Collegium Carolinum, der jetzigen technischen Hochschule, zu nennen, ein hochbegabter einflussreicher Mann, der in weiteren Kreisen als der Vater jenes unglücklichen Jerusalem bekannt geworden ist, welcher sich in Wetzlar erschoss und den Stoff zu Goethe's „Werther's Leiden" abgegeben hat. Abt Jerusalem starb 1789 und wurde in der Klosterkirche, wo ihm die verwittwete Herzogin Philippine Caroline ein schlichtes Denkmal setzen liess, begraben.

Während des siebenjährigen Krieges hatte Riddagshausen sehr unter der Einquartierung französischer Soldaten, trotz eines 1757 vom Herzog Richelieu gelösten sog. Sauvegarde-Briefes zu leiden. Bei der Belagerung Braunschweigs durch den französischen Feldherrn Prinz Xaver diente das Kloster wieder einmal als Hauptquartier der Belagerer, bis dass die Stadt durch den Herzog Friedrich von Braunschweig entsetzt wurde.

Nach der Aufhebung des Klosters wurde die Bewirthschaftung der Länderei einem Verwalter übertragen, der anfangs als Klosterschreiber, dann als Klosterverwalter und Drost bezeichnet wird. Unter den Verwaltern möge hier der Drost v. Voigt-Rhetz genannt werden, als Vorfahr des bekannten Corpsführers im Kriege gegen Frankreich 1870/71.

Während der Fremdherrschaft wurde Riddagshausen zur kaiserlich-französischen Domaine erklärt und der Ertrag derselben den französischen Generälen Comte de l'Empire Samson, Baron Legendre und Comte Durosnel als Dotation überwiesen; das Predigerseminar wurde von der westphälischen Regierung 1809 aufgehoben. Dem letzteren Umstande und den ungünstigen Zeitverhältnissen ist es zuzuschreiben, dass die Reste der alten Klostergebäude immer mehr verfielen, so dass „deren Abbruch nicht dringend genug empfohlen werden konnte." Bei dem geringen Verständniss der damaligen Zeit für den architektonischen und kunstgeschichtlichen Werth der Klosterreste wurde leider kein Versuch gemacht den Abbruch zu verhindern. In den fünfziger Jahren dieses Jahrhunderts erfolgte denn auch der Abbruch eines Theiles der Kapellen und Vorbauten an der Nordseite der Kirche, „weil deren Herstellung allein einen Kostenaufwand von 3000 Thalern erfordert hätte." Die beim Abbruch gewonnenen Steine wurden theils zur Aufführung der Strassenfront des Autorhofes neben dem Altstadt-Rathhause, theils zur Errichtung von Domainialgebäuden benutzt. Wenige Jahre später folgte dann der Abbruch der Kreuzgänge und Klostergebäude, die derartig verfallen waren, dass eine Wiederherstellung derselben nicht mehr möglich gewesen sein soll. Zur Stabilmachung der Kirche wurden auf der Südseite, auf der die Klostergebäude gelegen hatten, Strebepfeiler aufgeführt. Allein die Klosterkirche hatte allen Stürmen widerstanden; auf ihre Erhaltung richtete sich das Augenmerk der braunschweigischen Regierung. Bereits im Jahre 1851 war ein umfangreicher Plan zur Wiederherstellung des herrlichen Bauwerks seitens der Baubehörde ausgearbeitet, der jedoch erst in den siebenziger Jahren dieses Jahrh. unter Leitung des Bauraths Wiehe mit Aufwendung bedeutender Geldmittel zur Ausführung gekommen ist.

Von der Kanzel.

II. Die Klosteranlage.

as mit einer hohen Mauer umzogene Klostergebiet umfasste etwa 800 Ar. Die Anlage des Klosters entspricht den vom Mutterkloster in Cîteaux für Cistercienser-Niederlassungen gegebenen Regeln; es scheint sogar wahrscheinlich, dass Riddagshausen eine ziemlich genaue Nachbildung der Klosteranlage in Cîteaux gewesen ist. Wie in Amelungsborn und Marienthal befand sich der Zugang zum Kloster auf der Nordseite und wie bei dem letztgenannten, benachbarten Cistercienserkloster gelangte man zunächst in einen überdeckten Vorhof, der als Warteraum diente und in welchem die Speisung der Armen vorgenommen wurde. In den Längswänden des Vorhofes waren offene Arkaden vorhanden, die östlich in die Thorkapelle, westlich zu den Unterkunftsräumen für die Ankommenden führten. In der Thorkapelle mussten die anziehenden Fremden ihr Gebet verrichten, bevor sie das Kloster betraten. An die Vorhalle grenzte das Thorhaus mit der Pförtnerwohnung. Während die Vorhalle nur zu Zeiten der Gefahr geschlossen gewesen sein wird, öffnete sich das innere und äussere Klosterthor durch Vermittelung des Bruders Pförtner. Für den Reiter- und Wagenverkehr diente ein grosser Thorweg und für die Fussgänger war eine kleinere Pforte daneben vorhanden (s. Abbild. auf S. 30, 32 u. 33).

Hatte man das Thorhaus durchschritten, so erblickte man rechts (s. den Lageplan S. 28) den Wirthschaftshof, die Meierei mit den Scheunen und Stallungen, dahinter die oberschlächtige Mühle mit zwei Grinden*) an der durch das Kloster geleiteten Wabe, daran anschliessend das Brauhaus, in dem ein eigenes Gebräu, die „Schüddekappe" gebraut wurde, ein der Braunschweiger Mumme ähnliches Getränk, und an der südlichen Klostermauer, an der „Achterpforte", die Schmiede. Zur Linken gegen Osten, lagen die

---

*) grind, grint = Mahlgang (Schiller u. Lübben, Mittelniederdsch. Wörterbuch, Bremen 1876).

Klostergebäude im Anschluss an die stattliche Kirche. Nach einer vor dem Abbruch der Klostergebäude im Jahre 1850 gefertigten Aufnahmezeichnung können wir uns ein Bild von der Lage und Grösse dieser Gebäude machen. Der an die Südseite der Kirche (1) (S. 29) sich anlehnende Kreuzgang umschloss einen quadratischen Hof (14). Hinter dem östlichen Kreuzgangsflügel legte sich zunächst an die Kirche die Sakristei (2),

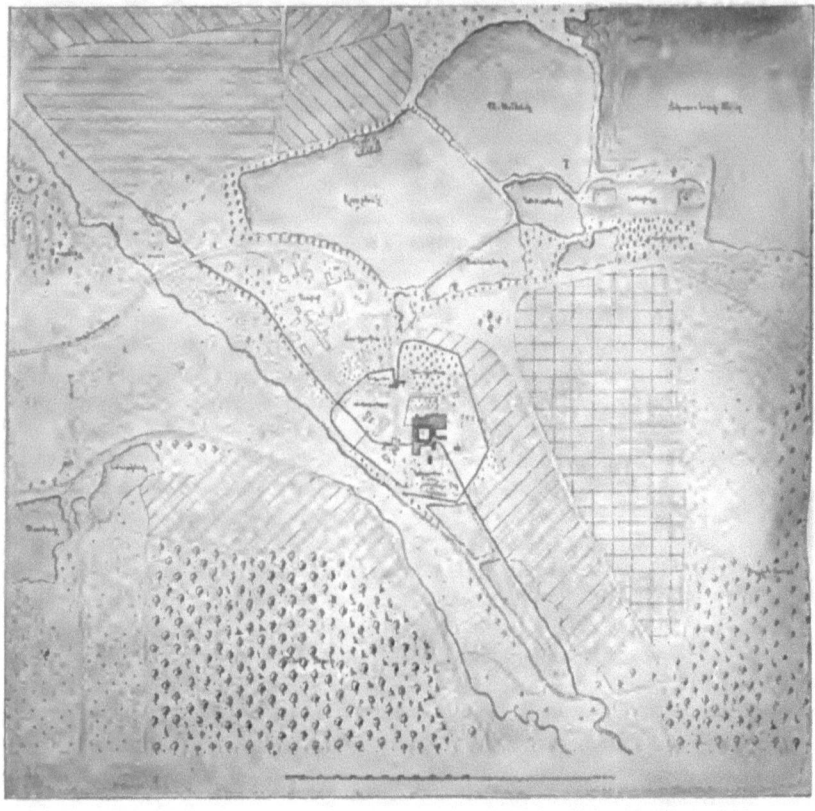

Lageplan des Klosters mit der nächsten Umgebung nach einer Aufnahme aus dem Jahre 1730.

in der die heiligen Gefässe und Priestergewänder aufbewahrt wurden; dann folgte der Kapitelsaal (3), in dem sich der Convent unter dem Vorsitze des Abtes versammelte, um Angelegenheiten des Klosters zu besprechen und zu berathen, und hierauf als abgeschlossener Raum das Parlatorium (4), das Sprechzimmer der Mönche, woselbst die sonst zum Schweigen verurtheilten Klosterbrüder leise mit einander sprechen durften.

Der nach Osten vorgestreckte Bau (5) ist als Stipendiatenhaus bezeichnet; vielleicht hat derselbe als Sommerrefectorium gedient. In dem nun folgenden schmalen Raume (6), der einen Ausgang sowohl nach dem Kreuzgang, als nach dem Garten gehabt hat, muss nach Anleitung anderer Klosteranlagen die Treppe zu dem Dormitorium gelegen haben. Der anstossende grosse Raum (7) enthielt die frateria, den Brudersaal, in welchem die Mönche am Tage sich aufhalten konnten, während sich darüber im Obergeschoss das Dormitorium, der gemeinschaftliche grosse Schlafsaal der Mönche, befand. Nördlich vom Dormitorium, über dem Kapitelsaale und der Sakristei, befand sich das Archiv und die Bibliothek des Klosters. An den Brudersaal schloss sich als östlicher Raum hinter dem südlichen Kreuzgangsflügel die Wärmestube (8), ein Raum, welcher zum Aufenthalt der Mönche bei starker Kälte diente. Den mittleren Theil des Südflügels nahm das Refectorium (9), der Speisesaal der Mönche ein. Es war ein grosser durch Säulen getheilter Raum, in dessen Nähe der

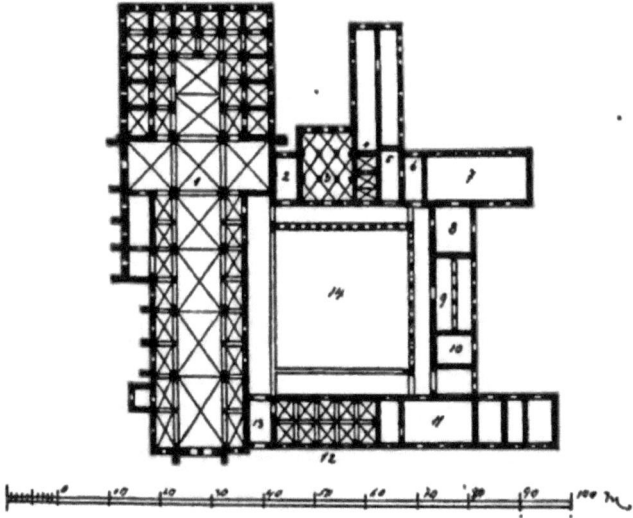

Grundriss der Klostergebäude.

1) Kirche, 2) Sakristei, 3) Kapitelsaal, 4) Parlatorium, 5) Vorraum, dahinter Stipendiatenhaus, 6) Vorraum, 7) Brudersaal, 8) Wärmestube, 9) Refectorium, 10) Küche, 11) Vorrathsräume, 12) Laienrefectorium, 13) Vorraum zum Kreuzgang, 14) Hof.

Wabefluss vorbeigeführt war, welcher ein Wasserbecken mit laufendem Wasser speiste. In diesem mussten sich die Mönche nach jeder Mahlzeit die Hände waschen. Der folgende Raum diente als Küche (10) und der langgestreckte Bau (11) vor dem westlichen Kreuzgangsflügel enthielt Keller und Vorrathsböden, sowie an die Kirche anschliessend, das Refectorium für die Conversen, die Laienbrüder des Klosters (12 und 13).

Weiter südlich von den zusammenhängenden Klostergebäuden finden wir ein einzelnes, freistehendes Haus, die „Kemnate", die Wohnung des Abts. Die Abtei lag bei den Klöstern gewöhnlich ausserhalb der eigentlichen Klostergebäude. Hinter dem Abtshause bemerken wir verschiedene kleinere Teiche, die als Fischbehälter, sog. Heller, benutzt wurden; hier lag auch der Lustgarten. Südöstlich vom Kloster in der

Nähe des Abtshauses sind noch die Reste eines kleinen, massiven Gebäudes erhalten, das aus zwei Gewölbejochen bestehend, der Ueberlieferung nach als Leichenkammer gedient haben soll, wahrscheinlich aber ein Oratorium, ein Bethaus (Abtskapelle) gewesen ist.

Auf der Nordseite der Kirche liegt noch heute der mit einer Mauer abgeschlossene Klosterfriedhof.

Innerhalb der Ringmauer lagen dann noch der „Baumgarten" mit dem Bienenstand, der „Schulgarten", der „Mühlengarten", der „Pfortengarten", der „Hellergarten" mit den zur

Das Kloster am Ende des XIII. Jahrhunderts.
(Reconstruction.)

Aufbewahrung der für den Bedarf gefangenen Fische dienenden kleinen Teichen, den sog. Hellern, und der „Krankengarten". Unmittelbar vor dem Klosterthore an der Nordseite ausserhalb der Mauer befand sich der „Gaart- oder Küchengarten", der einem Gartenmeister unterstellt war; südlich vor der Mauer breiteten sich künstlich bewässerte Wiesen aus, während im Norden und Osten fruchtbare Aecker und die „Buchhorst", der 600 Morgen grosse holzreiche und wildreiche Klosterwald sich ausdehnten. Auf der Südseite des Klosters finden wir das „Mastbruch", ein mit Eichen und Buchen bestandenes Gehölz, das als Waldweide benutzt wurde und in dem eine Ziegelhütte vorhanden war. Erst in der ersten Hälfte dieses Jahrhunderts ist das Gehölz bis auf den die Thongruben umfassenden Theil abgeholzt. Zwei kleinere Waldungen, das „Walkholz" und die „schieren Bäume" lagen nordöstlich nach Gliesmarode zu.

Zwanzig Teiche mit zusammen 22 Hectar Wasserfläche hatten die Mönche in unmittelbarer Nähe des Klosters angelegt; der grösste Teich, der „Schapenbruchteich", umfasste allein eine Wasserfläche von 16 Ar.

Auf dem nach der Stadt Braunschweig zu gelegenen „Nussberge", in dem ein rother Roggenstein gebrochen wurde, hatten die Mönche Weinberge von zusammen 6 Morgen angelegt, die bis zur Weinlese einem besondern Weinmeister unterstanden, für gewöhnlich jedoch einen nur spärlichen Ertrag lieferten.

Vor dem Klosterthore, in dem unter den Mauern des Klosters entstandenen Freidorfe „Neuhof", lag ein dem Kloster gehörendes Vorwerk auf dem „gemeiniglich milche und güste Kühe" gehalten wurden.

So umfasste das innere und äussere Klostergebiet Alles, was zum Lebensunterhalte der Mönche erforderlich war. —

Die nebenstehende Abbildung giebt ein Schaubild des Klosters zu Ende des XIII. Jahrhunderts, aufgestellt nach vorhandenen Bauresten und Baubeschreibungen; ein Vergleich der Zeichnung mit der bei Viollet-le-Duc (Diction. raison. de l'Architect. II) gegebenen Abbildung des Mutterklosters in Citeaux lässt eine auffallende Uebereinstimmung beider Klosteranlagen erkennen.

III. Die vorhandenen Gebäude.

Thorgebäude und Thorkapelle.

Das Thorgebäude ist der einzige noch erhaltene Baurest aus der zweiten Hälfte des 12. Jahrhunderts; dasselbe zeigt rein romanische Bauformen. Die Vorhalle (a) ist nur noch in den Seitenmauern erhalten; dieselbe ist jedoch nach der gleichen Anlage in Marienthal (jetzt abgebrochen) leicht zu ergänzen. Die Seitenmauern zeigen je drei mit Rundbögen geschlossene Oeffnungen und in den oberen Theilen der Mauern sind die ursprünglichen Fenster des Raumes über der Zelle noch erkennbar. Das eigentliche Thorhaus befindet sich bei (b); Thüren und Thorwege sind mit dem Rundbogen geschlossen, die Kanten der Leibungen derselben mit einer doppelten Kehle bis zu den Kämpfern gebrochen. Eine aus Hohlkehle, Platte und Wulst bestehende Basis schliesst die Thorpfeiler nach unten ab. In ähnlicher

Nördliche Ansicht des Thorgebäudes und der Thorkapelle im gegenwärtigen Zustande.

Weise ist auch die nach dem Raume (c) führende Thür ausgebildet. Dieser Raum hat vielleicht als Gaststube gedient, während auf der andern Seite des Thorhauses (bei d) die Stube des Bruders Pförtner gelegen hat. Hier wird sich auch die zum Obergeschoss führende Treppe befunden haben, deren Spuren jedoch nicht mehr nachzuweisen sind. Der Raum über der Vorhalle und dem Thorhause ist wahrscheinlich ungetheilt gewesen und hat möglicherweise als Schlafraum für die Fremden gedient. Die Nebenräume des Thorhauses wurden durch kleine Rundbogenfenster erhellt, von denen noch ein altes erhalten ist (s. Abbild. auf S. 34).

Die Kapelle auf der Ostseite der Vorhalle ist jünger als das Thorgebäude; dieselbe gehört dem Ende des XIII. Jahrhunderts an. Aus dieser Zeit wird auch der Anschluss der Vorhalle an die Kapelle, d. h. die Ueberbauung des ursprünglich offenen Raumes (D), stammen. Die Kapelle besteht aus zwei Gewölbejochen und öffnet sich nach Westen zu mit einem fast die ganze Breite des Joches einnehmenden Spitz-

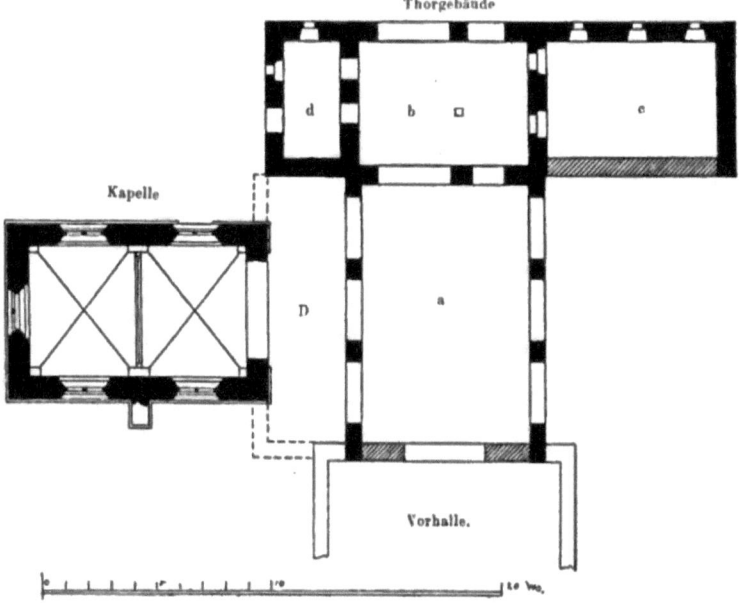

Thorgebäude und Thorkapelle.

bogen, der in seinem Scheitel einen Pfeiler trägt, auf dem ein achteckiges, massives Glockenthürmchen ruht. Die grosse spitzbogige Oeffnung scheint nicht verschlossen gewesen zu sein, so dass die Fremden von der Vorhalle in die Kirche sehen konnten. Die schlichten Kreuzgewölbe der Joche ruhen auf Konsolen; getrennt werden die Gewölbe durch einen auf der Mittelkonsole ruhenden profilirten Gurtbogen. Die Fenster sind zweitheilig und auf der Nord- und Südseite mit spitzbogigem Maasswerk, aus Platte, Rundstab und Hohlkehle bestehend, geschlossen. Das Feld zwischen den Spitzbögen ist massiv und von einem Dreipass durchbrochen. Das Ostfenster ist zwar auch zweitheilig, jedoch besteht das Maasswerk nur aus Platte und Hohlkehle, auch sind die Oeffnungen mit einem Kleeblattbogen geschlossen und fehlt das massive Bogenfeld.

Die Bleiverglasung der Fenster legte sich in vertiefte Nuten des Maasswerks und wurde durch etwa drei Centimeter lange, flache, spitz zulaufende, in die Nuten eingetriebene ge-

Pforte und Durchfahrt am Thorgebäude.

schmiedete Eisennägel (sog. Bankeisen) festgehalten. Nach Süden zu war eine kleine Thür vorhanden und neben dem Altar befand sich in der südlichen Umfangsmauer ein mit dem Kleeblattbogen geschlossenes Weihwasserbecken. Spuren alter Malerei finden sich noch an der Leibung des Ostfensters; den Formen nach gehört die Malerei dem Ende des XIII. Jahrhunderts an.

Das Sockelprofil ist demjenigen der Hauptkirche verwandt; das Hauptgesimse besteht aus Platte und Hohlkehle.

An der Kapelle, besonders aber am Klosterthor befinden sich zahlreiche Zeichen, die jedoch nicht alle als Steinmetzzeichen gelten können. Die hauptsächlichsten sind auf S. 37 veranschaulicht.

Gewölbekonsole der Thorkapelle.

Fenster am Thorgebäude.

Ob die sonst noch vorhandenen zahlreichen Marken eine besondere Bedeutung gehabt haben, etwa wie die Längsrillen und Rundmarken an mittelalterlichen Kirchen- und Burgportalen, steht dahin. Der Umstand, dass sie gerade in der ehemaligen Vorhalle des Klosters, dem Warteraume der Fremden und Armen, auftreten, lässt der Vermuthung Raum, dass man es mit einer abergläubischen Spielerei zu thun hat. Auf einem Bogensteine der Arkade neben der Klosterthür auf der Nordseite ist mit kleinen etwa einen Centimeter hohen Buchstaben ein Name eingehauen, der jedoch nicht mehr zu entziffern ist. Der im vorigen Jahrhundert lebende Kupferstecher Beck will am nördlichen Klosterthor die Inschrift: „MCXLV · F$\overline{V}$DAT · ABB$\dot{\mathrm{I}}$A+R", die sich auf die Klostergründung i. J. 1145 und den ersten Abt Robert beziehen würde, entdeckt haben; dieselbe ist heute nicht mehr aufzufinden.

Die Klosterkirche.

Von allen Bauresten des Klosters ist die grosse Kirche am besten erhalten; sie ist ein Bau aus der zweiten Hälfte des XIII. Jahrhunderts und gehört den Formen nach der Periode des Uebergangsstils der romanischen zur gothischen Baukunst an. Wie alle Cistercienserkirchen, so war auch Riddagshausen der Mutter Maria geweiht; Patron der Kirche war der heilige Vitus, an dessen Namenstage — 15. Juni 1278 — die Kirche geweiht wurde. Wir sehen in der Kirche eine nach der bei Cistercienserkirchen üblichen Form des lateinischen Kreuzes erbaute gewölbte Pfeilerbasilika, deren Seitenschiffe halb so hoch sind, als das Mittelschiff. Das Grundmaass des Kreuzes ist die lichte Weite des Mittelschiffs; dasselbe ist in dem untern Kreuzflügel fünf Mal, in dem wagerechten Theile drei Mal und in dem oberen Kreuzflügel ein und ein halb Mal enthalten. Dasselbe Grundmaass und fast genau dieselben Abmessungen zeigt auch die Cistercienser-Klosterkirche zu Dore in

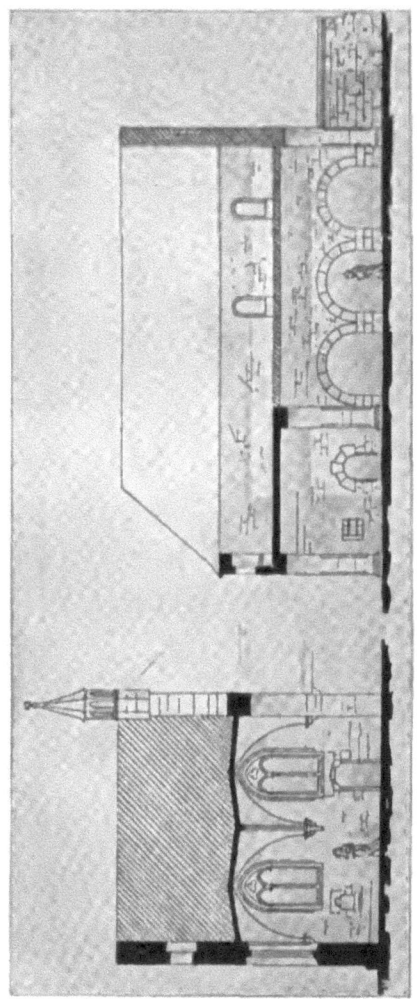

England, im Thale des River Dore, 12 Meilen von Hereford, nur mit dem Unterschiede, dass der untere Kreuzflügel statt fünfmal, viermal so lang ist, als die Breite des Mittelschiffes beträgt. Die Kirche zu Dore gehört ebenfalls der zweiten Hälfte des XIII. Jahrhunderts an.

Die Construction des Grundrisses der Kirche zu Riddagshausen ergiebt hiernach, wie in Dore, drei Hauptquadrate, deren Seiten gleich der lichten Breite des Kreuzarmes, d. h. gleich dem Dreifachen des Grundmaasses sind. Die Seitenschiffe sind einschliesslich der Aussenmauern ein Drittel so breit, als das Mittelschiff, einschliesslich der Arkadenstärken, so dass sich für den Aufbau des Querschnittes die unten gegebene Darstellung ergiebt.

Die ganze Länge der Kirche beträgt 83 Meter, die ganze Breite im Langschiff 20 Meter, im Chor 29,30 Meter; die Höhe von O. Kante Pfeilersockel bis zum Kaafgesimse 9,80 Meter, bis O. Kante Kapitell der Dienste 11,88 Meter und bis zum Gewölbe 19,11 Meter.

Besonders interessant ist die Choranlage. Nach den Ordensregeln sollte der Chor, wie die Kirche und die Klosteranlage überhaupt, einfach in den Formen gehalten sein. Wir finden daher in Riddagshausen, wie bei den meisten Cistercienserkirchen, den rechteckigen Chorabschluss; aber wenn derselbe bei den Cisterciensern gewöhnlich nur in einem rechteckigen Abschluss des Mittelschiffs mit nach Osten vorgelegten Kapellen des nördlichen und südlichen Kreuzschiffs besteht, legt sich in Riddagshausen ein voller Kranz von Kapellen um das rechteckig geschlossene Mittelschiff, wodurch, trotz der Einfachheit der Grundrissanlage, ein terrassenförmiger, wirkungsvoller Aufbau der Ostseite der Kirche erzielt ist (s. Abbild. S. 10). Eine übereinstimmende Choranlage zeigt auch die ebenfalls dem Uebergangsstile angehörende Cistercienser-Kirche zu Ebrach im Steiger-Walde zwischen Würzburg und Bamberg; die Grundrissabmessungen dieser Kirche sind jedoch erheblich grösser, als diejenigen der Klosterkirche in Riddagshausen, auch sind die Kreuzflügel weiter vorgeschoben und mit Kapellen besetzt. Während in Riddagshausen vierzehn Kapellen vorhanden sind, finden wir in Ebrach deren sechzehn. Die Kirchen der Cistercienserklöster in Hradist bei Münchegrätz in Böhmen und Lilienfeld in Oesterreich weisen ähnlich entwickelte Grundrissanlagen wie Riddagshausen auf; auch in Walkenried scheint eine solche Choranlage beabsichtigt gewesen zu sein.

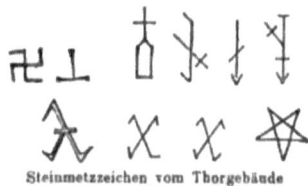

Steinmetzzeichen vom Thorgebäude und der Thorkapelle.

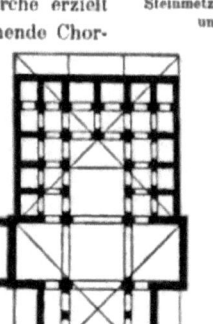

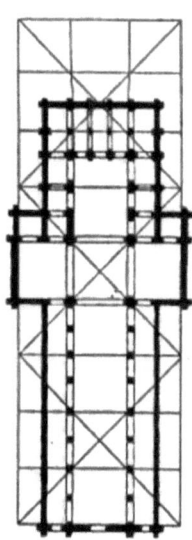

Klosterkirche in Riddagshausen.

Klosterkirche in Dore (England).

Bei der vorhin genannten Kirche in Dore in England sind die Kreuzschiffskapellen zwar vorhanden, jedoch fehlen die nördlichen und südlichen Chorkapellen; die Kreuzflügel haben jedoch die gleichen Abmessungen, wie bei der Kirche in Riddagshausen.

Auf die Uebereinstimmung der Riddagshäuserkirche mit der Mutterkirche in Citeaux ist bereits hingewiesen.

Wie ein Blick auf den Grundriss (s. Abbild. auf S. 7) zeigt, bildet die östliche Fortsetzung der Seitenschiffe, vor den Kapellen sich hinziehend, einen vollständigen Umgang um den durch Schranken abgeschlossenen Altarraum. Der Chorfussboden liegt um fünf Stufen höher als der Fussboden des Lang- und Kreuzschiffs und zwar der

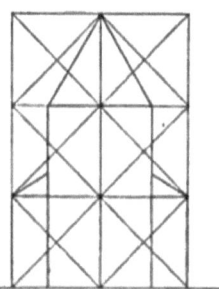

Construction des Aufrisses der Kirche.

vordere bis zur Vierung reichende Theil um zwei, der hintere Theil um weitere drei Stufen.

Die Schiffe sind mit Kreuzgewölben überspannt, jedoch zeigen nur die bis zum Chor reichenden Gewölbe des Mittelschiffs profilirte Rippen. Das Langschiff umfasst bis zum Kreuzschiff vier Gewölbejoche, in den Seitenschiffen die doppelte Anzahl, das Querschiff drei und der Chor zwei Joche, während die nördlichen und südlichen Seitenschiffe des Chors je drei Gewölbejoche umfassen, so dass der Trennungsbogen zwischen den Gewölben des Chors nicht über einem Pfeiler, sondern über dem mittleren Arkadenbogen der Chorseitenschiffe endigt.

Wie in Maulbronn, so ist auch in Riddagshausen eine Verschiedenheit in der Achsentheilung der Arkaden bezw. Gewölbejoche vorhanden; die Achsentheilung der drei westlichen Joche des Mittelschiffs ist erheblich grösser, als diejenige des letzten Gewölbejoches vor der Vierung, so dass sich die Arkaden dieses Joches in der Form den gleichen Bögen des Chores anschliessen, während die Arkaden der westlichen Joche eine gedrücktere Form aufweisen. Die Achsenverschiebung scheint jedoch nicht willkürlich zu sein, sondern, wie in Maulbronn, mit der Aufstellung des Lettners, der noch heute, wenn auch nicht in ursprünglicher Gestalt, seine Lage zwischen dem ersten und zweiten Gewölbejoch westlich der Vierung inne hat, zusammenzuhängen.

Die Pfeiler sind, mit Ausnahme derjenigen der Vierung und der östlichen Pfeiler des Chores, quadratisch; nach der Längenrichtung der Kirche sind jedem Pfeiler auf zwei Seiten Dreiviertelsäulen vorgelegt, welche die inneren Arkadenbogen tragen; kleinere Säulchen nehmen die Theilungsrippen der Seitenschiffe auf. Die Rippen der Mittelschiffgewölbe liegen auf Dienstbündeln, die vor jedem zweiten Arkadenpfeiler, ohne Verband mit diesem, emporstreben. Der Chorgurtbogen zwischen Schiff und Vierung, so wie die an denselben sich anschliessenden Dienste endigen unterhalb des Gesimses der Arkadenpfeiler in reich mit Blattwerk verzierte Konsolen. Der Zweck dieser Anordnung kann nur der gewesen sein, das Chorgestühl, das sich bis zum Lettner erstreckte, unmittelbar an den Arkadenpfeilern aufstellen zu können. Die gleiche Anordnung finden wir auch bei den Diensten der Seitenschiffe; hier offenbar zur Schaffung eines freien Durchganges bei den Processionen und Bittgängen. Ueber den Arkadenbögen läuft ein aus Platte, Hohlkehle und Rundstab bestehendes Kaafgesimse hin, das jedoch nicht in gleicher Höhe bleibt, sondern an der Stelle, an welcher sich der Lettner befindet, in eine tiefere Lage übergeht und so ebenfalls die Trennung des westlichen den Laienbrüdern überlassenen Schiffes von dem für den Klosterconvent bestimmten Theile der Kirche äusserlich kenntlich macht (s. Abbild. auf S. 47).

Die Fenster des Chormittelschiffes und der Nord- und Südmauern der Kreuzflügel sind dreitheilig, die übrigen Fenster des Mittel- und Kreuzschiffs zweitheilig (s. Abbild. auf S. 39 und 12). Die Fenster liegen innerhalb von Blenden, die bei den dreitheiligen Fenstern von kleinen Ecksäulchen getragen werden (s. Abbild. auf S. 12); sie sind mit schlichter, schräger Leibung versehen und mit einem schwachen Spitzbogen geschlossen. Das grosse Westfenster (s. Abbild. auf S. V und 12) ist dreitheilig und im Bogen mit aus drei Kreisen bestehendem Maasswerke verziert.

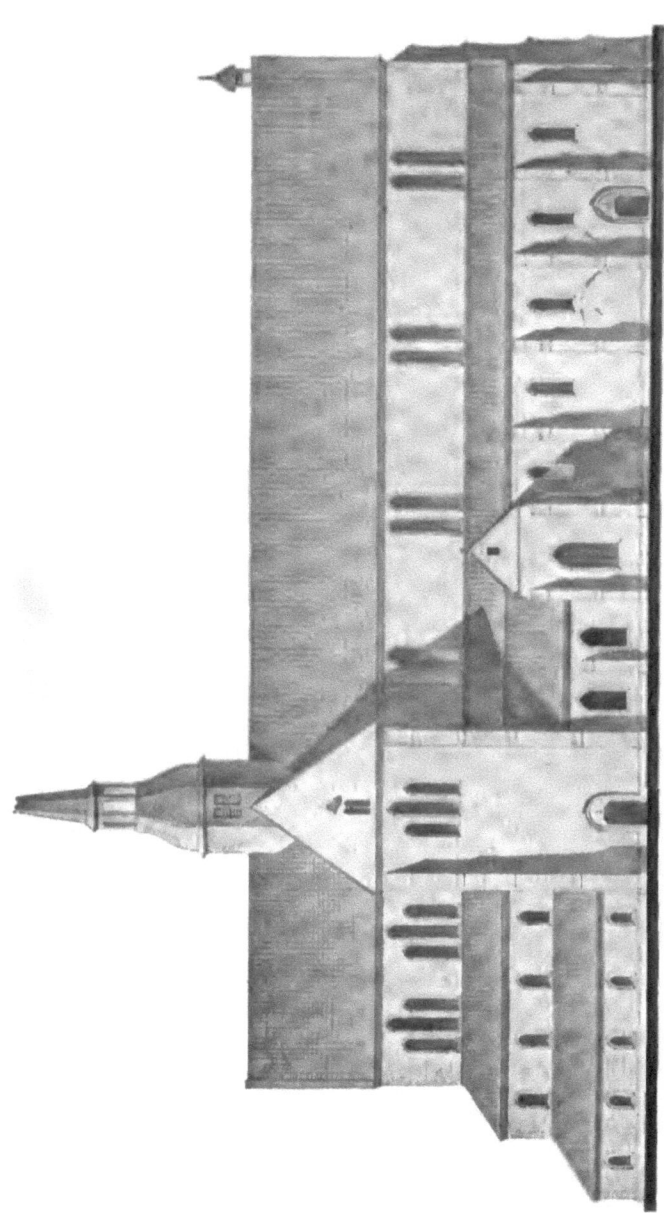

Nordansicht der Kirche.

III. Die vorhandenen Gebäude.

Die unter dem Westfenster befindliche Haupteingangsthür ist durch einen Mittelpfosten getheilt; eine Anordnung, die in symbolischer Hinsicht auf das alte und neue Testament gedeutet wird, vielleicht aber auch in Rücksicht auf die Processionen angeordnet gewesen ist. Neben diesem Haupteingange sind noch verschiedene Nebeneingänge vorhanden. So führt von Westen in das südliche Seitenschiff eine kleine Pforte, augenscheinlich der Zugang vom Laienrefectorium, das sich an dieser Seite der Kirche anschloss. In dasselbe Seitenschiff gelangte man dann noch durch eine zweite Thür oberhalb der Lettnertheilung, die in den östlichen Kreuzgangsflügel führte und ausschliesslich für den Klosterconvent bestimmt war. In das nördliche Seitenschiff führt eine Thür, vor der sich eine in den fünfziger Jahren dieses Jahrhunderts abgebrochene, als „Bein- oder Leichenhaus" bezeichnete Vorhalle (s. Abbild. auf S. 7) befunden hat, ähnlich wie bei der Cistercienserkirche in Eberbach im Rheingau. Das spitzbogige Giebelfeld der Thür ist mit zwei durch einen lisenenartigen Steg getrennten Rosetten, als Sinnbilder der Verschwiegenheit, verziert. Thür und Vorhalle führten auf den Friedhof, und die Bezeichnung der Vorhalle und die Lage der Thür zum Laienschiffe lassen den Schluss zu, dass von hier aus die Beisetzungen der verstorbenen Laienbrüder stattgefunden haben, während das ebenfalls zum Friedhofe führende Portal des nördlichen Kreuzschiffes (s. Abbild. auf S. 46), dessen Giebelfeld mit einem aus sich überschneidenden Eichenstämmen gebildeten, auf einem Hügel stehenden Kreuze, als Sinnbild des Todes oder des Opfertodes Christi, verziert ist, bei Beerdigungen der geistlichen Brüder benutzt sein wird. Auch in dem Giebelfelde des vorhin genannten, vom Kreuzgange in die Kirche führenden Südportals ist eine grosse Rosette als Sinnbild der Verschwiegenheit dargestellt, um die Mönche vor dem Eintritt in die Kirche an ihr Gelübde zu erinnern (s. Abbild. auf S. 45). Es erübrigt nun noch Einiges über die Chorkapellen zu sagen. Die Kapellen sind durch Scheidemauern von einander getrennt (s. Abbild. auf S. 7); nur die Eckkapellen hängen mit den nach Westen davor liegenden zusammen, weil ein anderer Zugang nicht zu schaffen gewesen wäre.

Die Chorkapellen hatten den Zweck, den Klosterbrüdern Gelegenheit zu geben, den entblössten Körper nach vollendetem Gottesdienste zu züchtigen und zu geisseln, was vor der versammelten Menge nicht statthaft war. Die Züchtigung des eigenen Körpers durfte jedoch, wie der durch die Ordensregel vorgeschriebene Aderlass, von den bei schwerer Arbeit beschäftigten Mönchen während der Dauer der Arbeit nicht vorgenommen werden.

Die Kapellen enthalten in den Zwischenwänden kleine mit dem Kleeblattbogen geschlossene Piscinien mit zwei Wasserbecken, die zur Waschung nach der heiligen Handlung dienten (s. Abbild. auf S. 43). Auch ein kleiner Altartisch, aus einer Steinplatte gebildet, befand sich in jeder Kapelle, wie die noch erhaltenen Steinkonsolen erkennen lassen.

Die dem nördlichen Seitenschiffe vorgebauten Kapellen gehören dem ursprünglichen Bauplane nicht an; wahrscheinlich sind es Gedächtnisskapellen gewesen, die von adeligen Geschlechtern gegründet sind. Auf einem alten, früher in einer dieser

Kapellen vorhanden gewesenen Leichensteine, wird ein Ritter von Peine ausdrücklich als Fundator dieser Kapelle genannt (s. Abbild. auf S. 62).

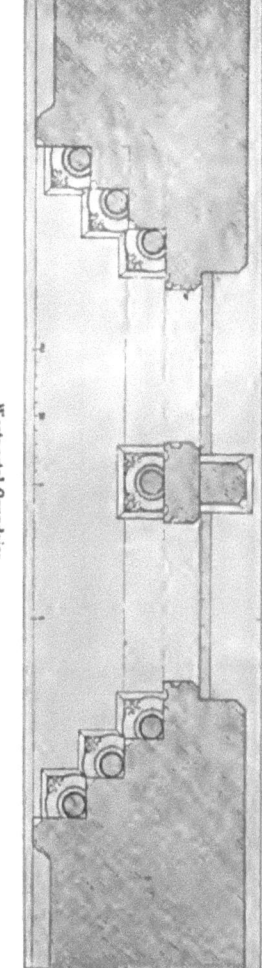

Westportal-Grundriss.

Wie das Innere, so wirkt auch das Aeussere der Kirche mehr durch eine glückliche Vertheilung der Massen, als durch reiches Zierwerk. Das Langhaus bringt die basilikale Anlage in ansprechenden Verhältnissen zum Ausdruck und das hohe Querschiff vermittelt in geschickter Weise den Uebergang zu dem terrassenförmigen Aufbau des Chores. Besonders anziehend ist die Westseite (s. Abbild. auf S. V); das Mittelschiff wird von Strebepfeilern flankirt, wodurch der Aufbau leichter und zierlicher erscheint. Dem aufstrebenden Motive der Strebepfeiler wirken die horizontalen Gliederungen und die Einfassungen der Giebel entgegen, so dass in den Hauptlinien eine glückliche Harmonie erzielt ist. Das zweitheilige Hauptportal in der Achse der Kirche ist in den Formen des Uebergangsstils gehalten; darüber zieht sich als Anklang an die romanische Bauweise der Würfelfries, und über demselben öffnet sich das grosse dreitheilige gothische Fenster, dessen Maasswerk jetzt in ursprünglicher Gestalt wieder hergestellt ist. Das Fenster enthielt das 1611 angebrachte Wappen des Abtes Windruwe; dasselbe bestand aus dem mit Weinlaub und Trauben umgebenen Klosterwappen.

Wenn dem Hauptportale auch ein — den Cisterciensern verbotener — reicher Bilderschmuck abgeht, so wirkt dasselbe doch durch seine Zweitheilung und die schlanken Verhältnisse und zierlichen Einzelformen (s. Abbild. auf S. 47). Drei Ecksäulen stehen auf jeder Seite der Leibung; die letzte entspricht der Säule vor dem Mittelpfeiler (s. Abbild. auf S. 42). Die Säulenschäfte stehen frei in den Ecken und werden mit dem Mauerwerk durch die Basen, Theilungsknäufe und Kapitelle verbunden. Die beiden äusseren Säulen gehen in Wulste über, die das spitzbogige Tympanon umrahmen, während die inneren Säulen kleine spitzbogige Wulste, der Zweitheilung entsprechend, tragen. Auf französischen Ursprung deuten die kleinen Rundbogen unter diesen Wulsten hin, ein Motiv, das auch bei dem Südportale zur Anwendung gekommen ist. Das Westportal des Domes in Halberstadt zeigt eine ähnliche jedoch reicher gestaltete Zierweise. Die

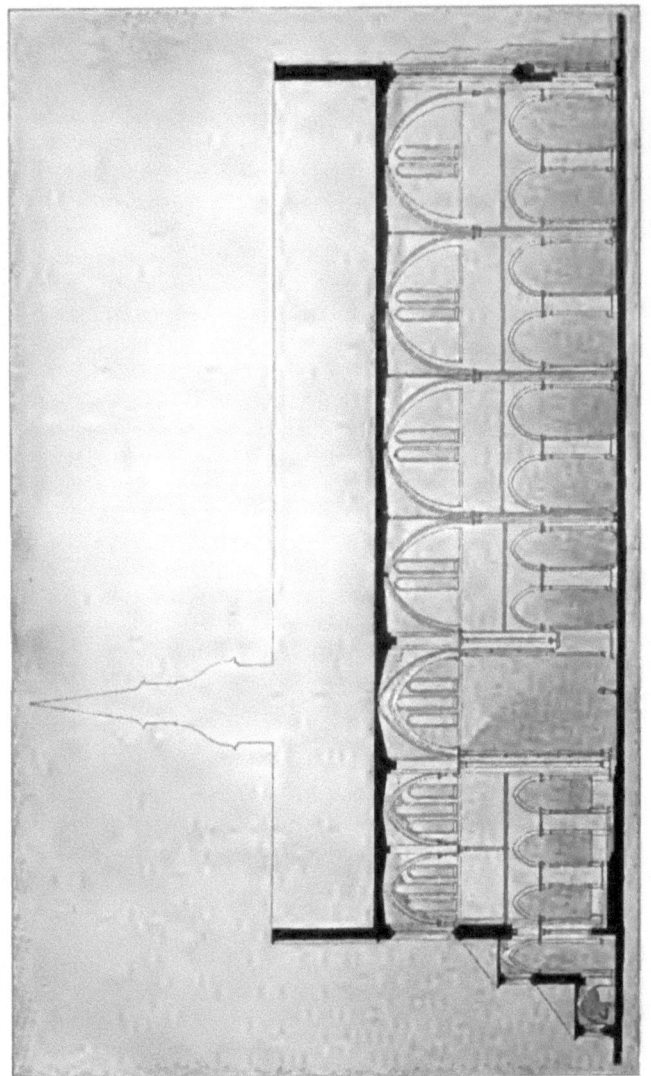

Längsschnitt der Klosterkirche.

fremdartigen Zierformen erscheinen bei den Beziehungen der deutschen Cistercienser zu dem Mutterkloster in Citeaux nicht auffällig. Das Giebelfeld nimmt eine mit dem Kleeblattbogen geschlossene Nische ein, in der auf einer Blattkonsole über der Mittelsäule die Mutter Maria mit dem Christuskinde steht. Das Portal ist, wie noch deutlich zu erkennen, farbig vermalt gewesen; die Abbildung auf Seite 47 stellt das Portal unter Ergänzung der aufgefundenen Malerei dar. Die Säulenbasen zeigen stark unterschnittene Profile mit naturalistisch gehaltenen Eckblättern, während die Kapitelle, bis auf das Kapitell der Mittelsäule, romanische Anklänge aufweisen. Das Sockelprofil besteht aus einer Hohlkehle, die mit schwacher Rundung unmittelbar in die Sockelfläche übergeht, eine etwas schwächliche Sockelbildung, wie sie in gleicher Weise auch bei der Cistercienserkirche in Walkenried vorkommt. Das Sockelprofil umrahmt das Portal als äussern Abschluss.

Südportal der Klosterkirche.

Das Westportal des südlichen Seitenschiffs ist sehr einfach gehalten; ein ausgekehlter Spitzbogen umschliesst ein schlichtes Giebelfeld, das ebenfalls noch Spuren alter Malerei aufweist. Interessanter ist das Südportal; das, wie bereits bemerkt, mit einer grossen Rosette geschmückte rundbogige Giebelfeld wird von reich verzierten Konsolen getragen und von einem Rundbogenfriese umrahmt, der, aus Hohlkehle und Wulst zusammen gesetzt, senkrecht nach unten als Einfassung der abgeschrägten Thürgewände sich fortsetzt. In den äusseren Bogenzwickeln des Frieses sind kleine Rosetten und Blätter eingefügt. Auch hier finden sich Spuren einstiger Bemalung.

Die Portale der Nordseite sind einfacher gehalten; beide haben spitzbogige Giebelfelder, im Kreuzschiff mit einem aus Rundstäben gebildeten Kreuze, im Langschiff mit Rosetten, durch einen Mittelsteg getheilt, verziert und umrahmt vom Sockelprofil.

Das Hauptgesimse ist über den Seitenmauern zweitheilig, aus Sima, Platte, Hohlkehle und Rundstab bestehend; während das Gesimse der Giebel nur das Simaprofil besitzt. Die Westgiebel sind durch Vierpassöffnungen, die übrigen Giebel durch Kleeblattfenster mit Theilungssäulen belebt.

An der Südmauer des Langschiffs befindet sich eine Reihe Konsolen als Gewölbeträger des hier vorhanden gewesenen Kreuzgangs.

Die Kapellen am nördlichen Seitenschiff weisen etwas spätere Bauformen, als das Hauptgebäude auf. Das grosse gothische Fenster der einen Kapelle ist dreitheilig und mit einem Rundpass im Spitzbogen versehen. Das Hauptgesimse besteht aus Schräge, Platte und Hohlkehle. Der Sockel ist derselbe, wie bei dem Hauptgebäude.

Grosse Thurmanlagen durften die Cistercienser nicht ausführen; wir finden daher über der Vierung nur einen Dachreiter; der jetzt vorhandene stammt seiner Form nach aus dem 17. Jahrhundert.

Das Material der Kirche ist Kalkstein vom Elme, einem 20 Kilometer östlich von Braunschweig belegenen Höhenzuge, und Roggenstein aus dem Klosterbruche im Nussberge. Die Technik ist durchweg eine vorzügliche, sowohl was die Maurer- als Steinmetzarbeiten anbetrifft. Diesem Umstande ist es wohl in erster Linie zuzuschreiben, dass das Kirchengebäude die wiederholten Zerstörungen ohne erheblichen Schaden überdauert hat. Welcher Art die Zerstörungen waren, zeigt die Abbildung auf Seite 18, ein Pfeiler nach Beseitigung der aus Mangel an Geldmitteln seiner Zeit angebrachten Stuckergänzungen im Zustande vor der letzten Wiederherstellung der Kirche. Diese Stuckergänzungen besassen für den Techniker ein besonderes Interesse, da dieselben auch im Freien und als Nachbildungen von Architekturtheilen eine mehrhundertjährige Dauer aufzuweisen hatten; wie früher bereits bemerkt, bestand der Stuck im Wesentlichen aus Gips und Ziegelstückchen. Brandspuren waren bei der Wiederherstellung der Kirche noch sehr zahlreich nachzuweisen.

Portal des nördlichen Kreuzflügels der Klosterkirche.

Die Werkstücke der Kirche sind mit zahlreichen, oft sich wiederholenden, Steinmetzzeichen versehen. Die an den Portalen auftretenden Buchstabenzeichen dürften

Westportal.

Meisterzeichen sein. Die Zeichen beweisen, dass bei dem Bau des Klosters eine besondere, fest geregelte Bauhütte thätig war. Die an der Kirche vorkommenden Steinmetzzeichen sind in den nebenstehenden Abbildungen veranschaulicht. Am Westfenster sind die Buchstaben HHR 1561 und JOSE RADTMANN 1613 eingehauen.

Von der ursprünglichen Vermalung des Innern sind bei der Wiederherstellung der Kirche verschiedene Reste aufgefunden. Einer der Maler hat auch seinen Namen hinterlassen: mit schwarzer Farbe aufgemalt fand sich in der oberen Leibung des Westfensters der Name „Antonius".

Die Zierformen im Innern der Kirche weisen die besondern Merkmale des Uebergangsstiles, zu dessen Verbreitung in

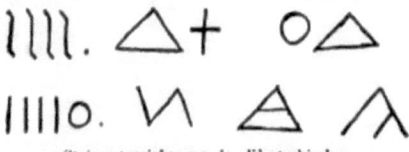

Steinmetzzeichen an der Klosterkirche.

Konsole eines Wanddienstes.

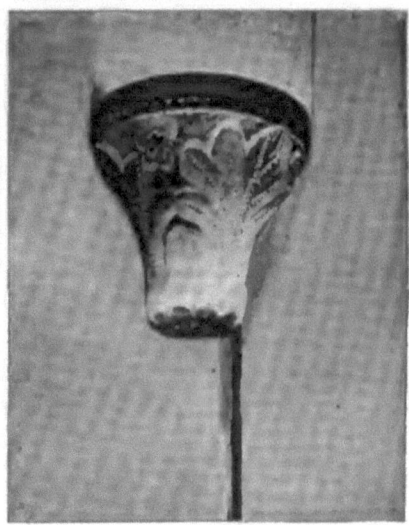

Konsole eines Wanddienstes.

Kapitell der Säule des Vierungspfeilers am Chor.

Deutschland die Cistercienser so viel beigetragen haben, auf. Fast scheint es, dass auch in der Verzierungskunst der Cistercienser bestimmte Regeln beobachtet sind; so finden wir in Riddagshausen genau dieselben Zierformen, wie an den gleichalterigen Cistercienserbauten in Walkenried, Maulbronn u. a. O.

Während die Zierformen im Laienschiff der Kirche nur spärlich auftreten, wird die Ausschmückung der einzelnen Bauglieder nach dem Chore zu reicher. So sind die Kapitelle der Säulen der Schiffspfeiler und die Konsolen der Wanddienste im westlichen Theile der Kirche schlicht; erst dort, wo der Chor der Novizen und Mönche beginnt, finden wir reichere Blattornamente. Die Kapitelle sind ausschliesslich kelchartig gebildet mit Knollenblättern oder nach den Ecken mit überfallenden Blättern; stellenweise zeigen die Blattformen noch romanische Anklänge. Der Abakus besteht aus Wulst, Hohlkehle und Platte; die Basis (s. Abbild.) ist niedrig, stark unterschnitten und vorwiegend mit Schneckenblättern auf den Ecken verziert. Die Ecksäulen der Diagonalrippen in der Vierung sind je durch drei Theilungsringe in vier Theile getheilt; die Ringe (s. Abbild.) sind spitzbogige Wulste mit

Kapitell eines Wanddienstes im Mittelschiff.

Profil einer Säulenbasis.

Profil eines Theilungsringes.

stark unterschnittenen Hohlkehlen und schwach vorspringenden Rundstäben. Sehr reich sind die Konsolen der Mittelschiffspfeiler vor der Vierung und der anschliessenden Eckdienste (s. Abbild. auf S. 50 u. 51) mit Blattwerk verziert. Die Kapitelle der Dienste der Mittelschiffsgewölbe (s. Abbild. auf S. 51) sind mit Blattwerk besetzt, das, wie die aus Platten und Hohlkehlen gebildete Bekrönung derselben, bereits rein gothische Formen aufweist. Auch die Schlusssteine sind mit Blattornamenten verziert; auf dem Schlussteine des westlichen Gewölbejoches ist ein Mönch dargestellt (s. Abbild. auf S. 52), welcher in den Händen eine Scheibe mit dem Lamme und der Siegesfahne, dem Attribute Johannes des Täufers, hält, umrahmt von einem Blätterkranze.

Die Ornamentik ist hauptsächlich der heimischen Flora entnommen: Eichenlaub, Ahornblätter, Epheu, Kleeblätter, Rosen und Rosenblätter wechseln mit einander ab; die Ornamentik der Kapitelle im Chor ist stark stilisirt (s. Abbild. auf S. 50 u. 51).

Von dem alten Fussbodenbelage der Kirche sind noch Reste erhalten; der Fussboden bestand aus gemusterten Thonfliesen von

Kapitell der Halbsäulen eines Pfeilers am Chor.

Konsolen am nordwestlichen Vierungspfeiler.

Gewölbeschlussstein der Klosterkirche.

16 und 18 Centimeter Grösse und vier Centimeter Stärke. Die Abbildungen auf Seite 54 geben die Muster wieder; die Vertiefungen in den Fliesen sind augenscheinlich mit einer Gipsmasse

III. Die vorhandenen Gebäude. 53

Konsolen
der Wanddienste im nördlichen Seitenschiffe.

Kapitelle der Halbsäulen und Dienste, im Schiff und Chor.

Eckblatt einer Säulenbasis.

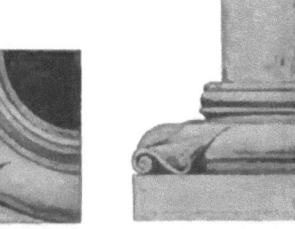
Säulenbasis mit Eckblatt.

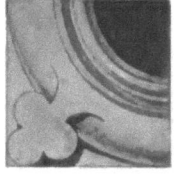
Eckblatt einer Säulenbasis.

Eckblatt einer Säulenbasis.

Fussbodenplatten der Klosterkirche.

Hauptgesimse der Chorkapellen.   Gurtgesimse der Klosterkirche.   Sockelprofil.

ausgefüllt gewesen, so dass die Wirkung des Musters durch verschiedenfarbiges Material unterstützt wurde. — Die ursprüngliche innere Einrichtung der Kirche ist verschwunden; die vorhandene entstammt der Zeit nach den Zerstörungen des Klosters gegen Ende des XVI. und zu Beginn des XVII. Jahrhunderts.

Das älteste noch vorhandene Einrichtungsstück der Kirche ist der Taufstein; derselbe soll angeblich aus einem älteren Taufsteine gearbeitet sein (s. Abbild. auf S. 55). Der sechseckige Kalkstein zeigt in ziemlich roher Arbeit die Formen deutscher Renaissance, die Jahreszahl 1562 und die Zeichen A I L (Abt Joh. Lorbeer). Der Deckel des Taufsteins ist von Holz und hängt an eisernen Stangen vom Gewölbe herab. Der reich verzierte Deckel baut sich als doppelter Baldachin auf; der obere, gegen den untern eingezogene Theil enthält die Darstellung Gott Vaters mit der Weltkugel unter einem von sechs Säulchen getragenen Tabernakel, dessen Spitze eine weibliche Figur mit einem Kelche in der Hand krönt, während vor den Säulchen auf den Ecken des Deckels über dem untern Theile des Baldachins Engelfiguren und eine weibliche Gestalt mit einem Kreuze angebracht sind. Der untere Theil enthält die Taufe Christi durch Johannes d. T., umgeben, und vor den Säulen sitzend, von sechs Apostelfiguren. An dem Deckel befinden sich die Bibelworte: 1) am oberen Rande: „Das ist mein lieber Sohn, an dem ich Wohlgefallen habe, den sollt ihr hören. Matth. 3". 2) am mittleren Rande: „Wer da glaubet und getauft wird, der wird selig, wer aber nicht glaubet, der wird verdammt. Marci im letzten Cap." 3) am unteren Rande „Im Namen des Vaters, des Sohnes und des heiligen Geistes. Gehet hin in alle Welt, lehret alle Heiden und taufet sie. Matth. Cap. 28, 19."

Der Taufstein ist mit einer geschnitzten hölzernen Einfriedigung umgeben.

Die Orgel (s. Abbild. auf S. 56) befand sich bis zur letzten Wiederherstellung der Kirche, wo eine Verlegung des Werkes in das nördliche Seitenschiff, der Kanzel gegenüber, erforderlich wurde, an der Südwand des Mittelschiffs hinter dem Lettner. Sie war schwalbennestartig vorgebaut und trug mit ihrer ungewöhnlichen Lage und Form, sowie mit ihrer reichen Vermalung nicht wenig zur malerischen Innenwirkung der Kirche bei. Die bildlichen Darstellungen waren dem Alten Testament entnommen. Die jetzt noch an der Orgel vorhandenen sind: David mit der Harfe, das Opfer Abrahams, der Herr erscheint Moses im feurigen Busch, Moses in der Wüste eine Schlange erhöhend, Simson trägt die Thorflügel von Gaza, die Bundeslade, David kämpft gegen Goliath, Elias fluchet den Kindern von Bethel, die Austreibung aus dem Paradiese etc. Eine an der Orgel be-

Taufstein mit Deckel und Schranken

findliche Inschrift besagt, anspielend auf die Zerstörungen der Kirche und die Wiederherstellung derselben durch den Abt Windruwe:

„was das gefrässige Feuer mit grausiger Flamme verzehrte, was der wilde Krieg in diesem heiligen Hause verwüstete, das hat Windruwe mit grossen Kosten und bedeutenden Mühen deinen Laren, alter Riddag, zurückgegeben. —

Die Orgel
vor der letzten Wiederherstellung der Kirche.

Lettner in der Klosterkirche.

„Allein die Orgel, welche das heil. Lob Gottes verkündet, fehlte noch; sie, die dem Tempel den Schmuck zu verleihen pflegt. Deshalb hat, in Liebe zur Gottheit entbrannt, Heinrich Scheele dieses Werk, das du hier siehst, entstehen lassen 1619."

Der ‚hölzerne Lettner (s. Abbild. auf S. 56) hat zwei Thüren zu beiden Seiten des Altars, deren Säulen mit reichem Schnitzwerk (s. Abbild. auf S. 58) versehen sind. Die Füllungen der Thüren und Seitentheile sind durchbrochen und die mittelste Füllung hinter dem Altare enthielt ein jetzt nicht mehr vorhandenes, von geschnitzten Gardinengehängen umrahmtes Bildwerk.

Deuten die Verhältnisse des Lettners und die Einzelheiten desselben schon auf eine kunstgeübte Hand hin, so verdient die Kanzel als ein Meisterwerk der Bildschnitzerkunst bezeichnet zu werden.

Wie bei vielen Kanzeln des sechzehnten und siebenzehnten Jahrhunderts finden wir auch in Riddagshausen die Gestalt des Moses in Lebensgrösse (s. Abbild. auf S. 57) als Kanzelträger, in der rechten Hand die Gesetzestafeln, in der linken einen Stab haltend, als Vertreter des Alten Testaments und Vorbote Jesu Christi, auf dessen Schultern die neue Lehre sich aufbaut. Die Treppenbrüstung ist in vier Felder, die Kanzelbrüstung in vier Füllungen eingetheilt, deren Darstellungen der biblischen Geschichte entnommen sind; zwischen den einzelnen Feldern stehen Apostelgestalten in predigender Stellung.

An der Treppenbrüstung sind dargestellt: 1) Das Paradies, 2) der Sündenfall, 3) die Verkündigung, 4) die Geburt Christi; an der Kanzelbrüstung: 5) Christus im Tempel, 6) die Kreuzigung, 7) die Grablegung, 8) die Auferstehung.

Jede Füllung ist von zwei Kartouchen eingerahmt, auf denen die Worte vertheilt sind:

„Wie lieblich sind auf den Bergen die Füsse der Boten,
die da Friede verkündigen,
Gutes predigen,
Heil verkündigen,
die sagen: Zu Zion Dein Gott —

Die Kanzel.

die Lehrer aber werden leuchten,
wie des Himmels Glanz u. s. w."

Auf der untern Kartouche der mittleren Kanzelfüllung ist der Name des Bauherrn und die Jahreszahl angebracht:

„Henricus Abt des Klosters
Riddagshausen A. D. 1622."

Der Schalldeckel enthält als Hauptgruppe Christus mit der Siegesfahne, wie er Tod und Teufel überwindet, zur Seite die schlafenden und erwachenden Kriegsknechte, umgeben von Posaunen blasenden Engeln und den vornehmsten Apostelgestalten. Vorn am Deckel ist das Wappen des Abtes angebracht.

Den Rand des Deckels ziert der Spruch aus Jesaias Cap. 58 V. 1:

„Rufe getrost; schone nicht. Erhebe deine Stimme wie eine Posaune und verkündige meinem Volke ihre Uebertretungen und dem Hause Jakobs ihre Sünde!"

Die Untersicht des Schalldeckels enthält die Darstellung des Heilands mit Petrus und einer Heerde Schafe, umrahmt von dem Spruche:

„Da sie das Mahl gehalten hatten, spricht Jesus zu Simon Petrus: „Simon Johanna, hast du mich lieber, denn diese haben?" Er spricht zu ihm: „Ja, Herr, du weissest es, dass ich dich lieb habe!" Spricht Jesus zu ihm: „Weide meine Lämmer!"

Wie die Orgel, so sind auch der Lettner und die Kanzel unter Abt Heinrich Scheele errichtet.

Wie die in den Abbildungen wiedergegebenen Einzelheiten erkennen lassen, haben wir es in dem Verfertiger der Kanzel mit einem hervorragenden Meister zu thun; die Gruppe in der Mittelfüllung der Kanzelbrüstung, die Apostel- und Prophetengestalten, die Engel und Putten, die Darstellung des Tod und Teufel überwindenden Christus, die zu seinen Füssen liegenden Kriegsknechte, deren Darstellungen an klassische Vorbilder erinnern, liefern hierfür den besten Beweis. Leider sind die Kanzelfüllungen stark beschädigt; dieselben werden jetzt durch den Hofbildhauer Sagebiel in Braunschweig in kunstgeübter Weise ergänzt.

Die Anordnung der einzelnen Darstellungen an der Kanzel und die Technik weisen auf den Verfertiger der dem Beginn des 17. Jahrhunderts angehörenden Kanzeln im Dome zu Magdeburg und in der Kirche zu Burg hin.

Vom Lettner.

III. Die vorhandenen Gebäude. 59

Bekrönung des Schalldeckels der Kanzel.
(Christus überwindet Tod und Teufel.)

Figürliche Darstellungen an der Kanzel (Apostel).

Figürliche Darstellungen an der Kanzel (Kriegsknechte).

Der Hochaltar (s. Abbild. auf S. 61) ist unter dem Abte Dreissigmark im Jahre 1735 errichtet; der Altar nimmt fast die ganze Höhe des Chores ein. Von zwei korinthischen Säulenbündeln flankirt enthält der untere Theil der Altarwand die Darstellung des heiligen Abendmahls, der obere Theil den gekreuzigten Christus mit Maria und Johannes zu den Seiten des Kreuzes. Gekrönt wird der Aufbau mit der Darstellung des gen Himmel fahrenden Heilands, umgeben von der strahlenden Sonne. Auf den Säulenbündeln sind die Gestalten der vier Evangelisten angebracht. Die Composition des Altars und der einzelnen Gruppen, namentlich der Abendmahlsgruppe ist steif; trotzdem bildet der Altar einen wirkungsvollen Abschluss des Kircheninnern. Die Bildhauerarbeiten sind von Heinrich Mathias Velten in Braunschweig gefertigt; die Kosten der Herstellung des Altars sollen 400 Thaler betragen haben.

Wie schon bemerkt, war den Cisterciensern die Ausführung grösserer Glockenthürme verboten; die Glocken konnten daher nur klein sein. Die alten Klosterglocken sind nicht mehr vorhanden; von dem Umguss einer Glocke berichten die Klosterrechnungen aus der ersten Hälfte des achtzehnten Jahrhunderts. Die eine noch erhaltene ältere Glocke (s. Abbild. auf S. 62) stammt aus dem Jahre 1611 und ist bei der Wiederinstandsetzung der Kirche unter Abt Windruwe angeschafft. Sie enthält die Inschrift:

Ano · MDCXI · In Gottes Namen bin ich geflossen
Herman Wilken zu Wulfenbüttel hat mich gossen.

Die Ornamente sind zierlich und die Gliederung ist fein und scharf; der untere Durchmesser beträgt 0,68 Meter, die Höhe von Bord bis zur Platte 0,47 Meter. Vorder- und Rückseite der Glocke haben in der Mitte der Rippe plastische Darstellungen. Auf der einen Seite Mariä Verkündigung, auf der andern St. Georg in Ritterrüstung zu Pferde, den Lindwurm tötend (s. Abbild auf S. 62).

Die Glocke hat bis zum Jahre 1890 als Uhrschlagglocke gedient und befindet sich jetzt in einer der Chor-Kapellen aufbewahrt.

Einen wesentlichen Schmuck des Innern der Kirche bilden die an den Wänden aufgestellten Grabsteine und Epitaphien. Die älteren Grabsteine und Denkmäler sind bei den vielfachen Verheerungen, denen Kloster und Kirche bis zum siebenzehnten

Jahrhundert ausgesetzt waren, zu Grunde gegangen. Der in Abbildung auf S. 62 veranschaulichte Grabstein zeigt in einfachen Umrisslinien in den Stein gehauen das lebensgrosse Bildniss eines Ritters v. Payne (Peine) in der Mönchskleidung. Die Umschrift lautet:

Anno dom. 1312 die Agnetis obiit Helmoldus vir genus p. c. d. e. miles dictus de Payne fundator hujus Capellae s. c. a. t. p. s. a. m.

Der Stein lag früher in der an das nördliche Seitenschiff angebauten Kapelle und ist leider bei der letzten Wiederherstellung der Kirche verloren gegangen.

Ein anderer dem fünfzehnten Jahrhundert angehörender Grabstein ist vor einigen Jahren im frühern Kreuzgangshofe ausgegraben und jetzt an der südlichen Aussenmauer der Kirche angebracht. Der Stein enthält (s. Abbild. auf S. 63) ein in Linien eingehauenes unbekanntes Wappen mit Helmzier.

Die Grabsteine der Aebte Lorbeer (1586), Windruwe (1615), Scheele (1625) und Lütkemann, sowie der Priore Kesselhut (1680) und Gebhardi (1688) sind theils als Bodenplatten der Chorkapellen, theils an den Wänden angebracht. Auch der Grabstein eines siebenjährigen Knaben Joh. Georg v. Lö'meysen (1588) findet sich noch an der Wand des südlichen Seitenschiffs (s. Abbild. auf S. 64).

Von den Epitaphien verdient namentlich das des Abtes Tuckermann (1651) Erwähnung, das an der Nordwand des Hohen Chores angebracht ist und in der Mitte

Innere Choransicht mit dem Hochaltar.

die Bildnisse des Abts und seiner Frau zu beiden Seiten des Gekrenzigten enthält, eingefasst von einem reich geschnitzten Rahmen mit figürlichen Darstellungen aus

Die Glocke.

Von der Glocke.

dem Alten und Neuen Testamente: auf der einen Seite Moses mit den Gesetzes-Tafeln, Aaron und die Bundeslade, auf der andern Seite Christus als Knabe, Johannes mit dem Lamm und der leidende Christus. Der Aufbau enthält das Lamm mit der Siegesfahne, darüber den triumphirenden Christus (s. Abbild. auf S. 65).

Diesem Epitaphium gegenüber hängt das lebensgrosse Bildniss des Abtes Pestorf (1693) mit einer schwülstigen latein. Umschrift, deren Uebersetzung lautet:

„Hierher richte die Augen, o Leser, auf das Gemälde des menschlichen Lebens; achte auf die Erzählung. Dieses Bildniss zeigt das Antlitz zweier: des Lorbeer und Windruwe, welche die zusammengestürzte Gestalt des Klosters erneuten; indem es darstellt den Johannes Lucas Pestorf, den nachahmungswürdigen Abt dieses Klosters, einen Mann, der auf Akademien, in Klöstern, Städten und an Höfen wie ein erhabenes Licht angesehen ist, der mit Gelehrsamkeit, Klugheit und Würde vorzüglich begabt war, auf Lehrstühlen, Kanzeln und in Consistorien Aller Augen auf sich zog; es verkündet das Kloster Loccum, Alfeld, Braunschweig und der Welfische Hof, welch' grossen Mann sie an ihm gehabt haben; es bejammert das Welfische Herzogthum, wie ein würdiges, wachsames Haupt des heiligen Ordens es mit ihm verloren hat; es betrauert

Grabstein eines Ritters v. Peine.

das Kloster den Tod dieses Vorstehers, welcher nur vier Jahre dasselbe leitete, aber zur grössesten Zierde des Klosters, indem er unter dem Walten der Fürsten den alten Glanz zurückführte und eine neue Pflanzschule des heiligen Dienstes hinzufügte, Thaten, würdig, dass sie der ewigen Nachwelt zur Aufbewahrung überliefert werden." Abt Pestorf war der Gründer des Predigerseminars in Riddagshausen, worauf die Lobrede anspielt.

Das Epitaphium des Priors Chr. Probst, gest. 1610, zeigt den bärtigen Geistlichen vor einem Crucifix kniend in seinem geistlichen Gewande. Das in Stein gehauene und vermalt gewesene Denkmal befindet sich an einem Pfeiler der südlichen Mittelschiffsmauer.

Auch die Frauen der evangelischen Klostergeistlichen fanden in der Kirche ihre Ruhestätte; so die Frau des Abtes Lorbeer und die sechs Frauen des 1740 gestorbenen Priors Heise. Interessant ist die Inschrift auf einem dieser Steine:

„Allhier ruht die gottselige Frau, Frau Dorothea Christiane Heisen, geb. Treuer, Karl Joh. Heise, Prior und Pastor dieses Klosters gehöchlichst gewesene Ehegattin. Sie war in der Ordnung die dritte, aber die erste in der Liebe und Treue, Sie war von Gott gesucht und gesegnet und endlich gekrönt.

Sie wurde gesucht im Jahre 1714 den 24. April durch eine angenehme Verbindung. Sie wurde gesegnet im Jahre 1715 den 14. Februar durch eine glückliche Entbindung, und sie wurde gekrönt in eben dem Jahre 1715 den 23. Februar durch eine selige Auflösung." —

Ein Grabstein aus dem 15. Jahrhundert.

Der Abt Dreissigmark, der Stifter des Hochaltars, hat ein Denkmal auf dem Hohen Chore erhalten (1750).

Das Grabmal des Abtes Jerusalem befindet sich auf dem Hohen Chore, hinter dem Hochaltare; es ist aus einem Marmorblocke hergestellt, der eine Aschenurne trägt. Die Inschriften an demselben lauten:

„Zum Andenken des würdigen Vice-Konsistorial-Präsidenten Abtes Joh. Friedr. Wilhelm Jerusalem, gest. am 2ten September 1789 in Braunschweig, setzte dieses Denkmal Philippine Caroline verwittw. Herzogin von Braunschweig."

„Zur Aufklärung legte er den ersten Grund, und durch seine Talente und Rechtschaffenheit erwarb er sich allgemeine Verehrung. Seine Verdienste werden unvergesslich bleiben, sein Andenken wird nie erlöschen, und besonders mir, seiner Freundin, werth und schätzbar bleiben."

„Er war ein christlicher Philosoph und einsichtsvoller Lehrer vernünftiger Gottesverehrung, der den jetzt regierenden Herzog und dessen Geschwister unterrichtete, geschickte Gottesgelehrte bildete und einen musterhaften Erziehungsplan ersann und ausführte."

Von den Epitaphien der Verwalter der Klosterdomänen sind besonders diejenigen der Familie Voigt (s. Abbild. auf S. 66) und v. Voigts-Rhetz aus der Mitte des achtzehnten Jahrhunderts beachtenswerth (s. Abbild. auf S. 67).

Grabstein des Joh. Georg v. Löhneysen.

Endlich muss hier auch noch die früher genannte Gedächtnisstafel erwähnt werden, die, in den Formen des sechszehnten und siebenzehnten Jahrhunderts gehalten, einen künstlerischen Werth besitzt.

Erhaltenen Aufzeichnungen zufolge hingen noch zu Ende des vorigen Jahrhunderts Standarten und Fahnen der im Kloster beigesetzten Edelleute im Hohen Chor und an den Wänden Bilder biblischen Inhalts. Ein Theil dieser Bilder, deren Ausführung eine nur mässige war, befindet sich jetzt in der Kirche zu Eitzum am Fusse des Elms.

Die Altäre waren mit kostbaren Stoffen, in welche „Menschenfiguren von Golde gewürket" waren, geschmückt; unter diesen Altardecken befand sich auch der jetzt im Herzogl. Museum in Braunschweig aufbewahrte Mantel Kaiser Otto's IV.

Nach dem Inventarverzeichnisse vom Jahre 1661 besass die Kirche auch eine stattliche Sammlung kostbarer Messgewänder mit reicher Perlenstickerei.

Sieht man von der innern Ausstattung ab, so stellt sich die Kirche im Aeussern sowohl, als im Innern als ein stilreiner, einheitlicher Bau dar, der durch seine einfachen, aber harmonischen Verhältnisse und Zierformen eine ansprechende Wirkung hervorruft und zu den besten Beispielen der kirchlichen Baukunst des dreizehnten Jahrhunderts in Deutschland gehört.

Um die Wiederherstellung der Kirche hat sich, wie schon bemerkt, der Herzogl. Banrath Wiehe, welchem die Kreis-Bauinspectoren

Epitaphium des Abtes Tuckermann.

Krahe und Spehr, und die Baumeister Eschemann II und Gittermann zur Seite gestanden haben, verdient gemacht. Die Ausmalung der Kirche hat der Hof-Decorationsmaler Quensen in Braunschweig besorgt.

Die Kapelle im Klostergarten.

Südöstlich von den ehemaligen Klostergebäuden sind noch die Reste eines kirchlichen Gebäudes vorhanden, das augenscheinlich als Kapelle gedient hat (s. Abbild. auf S. 67). Wie die Thorkapelle ist der rechteckige Raum mit zwei Gewölbejochen überspannt, deren Rippen profilirt und an den Kreuzungspunkten mit Schlusssteinen, deren östlicher das Lamm Gottes enthält, verziert sind. Die Abmessungen sind kleiner, als bei der Thorkapelle. Das Gebäude wird als Betkapelle, vielleicht als Privatkapelle des Abtes, dessen Kemnate nicht weit davon gelegen war, gedient haben. Den Formen nach gehört die Kapelle dem Ende des dreizehnten Jahrhunderts an, also annähernd derselben Bauperiode, der die Klosterkirche und die Kapelle am Eingang entstammen. Der Eingang war auf der Westseite und wurde, wie bei der Thorkapelle, durch eine grosse Spitzbogenöffnung gebildet, die einen besondern Abschluss nicht gehabt zu haben scheint, so dass man ungehindert in das Innere sehen konnte. An der Südwand sind noch Reste der beiden den Gewölbejochen entsprechenden Spitzbogenfenster vorhanden; unter denselben zog sich eine zum Theil noch erhaltene Steinbank hin.

Vor dem Eingange und an der Südseite stehen prachtvolle, Jahrhunderte alte Linden, deren einzelne einen Durchmesser von 1,30 Meter besitzen.

Sonstige Baureste.

Von den in den fünfziger Jahren dieses Jahrhunderts abgebrochenen Klostergebäuden sind noch einzelne Architekturtheile, leider stark beschädigt, erhalten. Von den älteren Klosterbauten stammt das Bruchstück eines romanischen Kelchkapitells (s. Abbild. auf S. 68), wie solche Kapitelle aus dem zwölften Jahrhundert in dem Kapitelsaale des Benedictinerklosters St. Aegidien in Braunschweig, sowie in der Cistercienserabtei Michaelstein bei Blankenburg a. H. u. a. a. O. noch erhalten sind. Das Kapitell liefert den Beweis, dass auch die älteren Klostergebäude eines künstlerischen Schmuckes nicht entbehrten.

Epitaphium der Familie Vogts.

Dann ist noch eine Anzahl gothischer Konsolen erhalten; dieselben sind rein architektonisch ausgebildet oder mit Laubwerk und Figurenschmuck versehen (s. Abbild. auf S. 68).

Ein Theil der Darstellungen an den Konsolen bezieht sich auf die Lebens-

III. Die vorhandenen Gebäude.

Epitaphium der Familie v. Voigts-Rhetz.

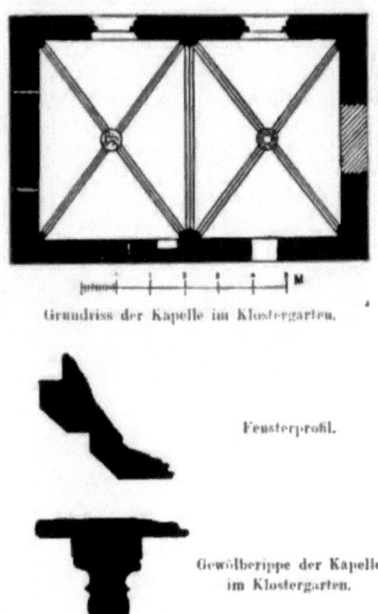

Grundriss der Kapelle im Klostergarten.

Fensterprofil.

Gewölberippe der Kapelle im Klostergarten.

Kapelle im Klostergarten.

geschichte der Jungfrau Maria. Wie schon früher bemerkt, waren die Cistercienserklöster der Maria geweiht, so dass diese Darstellungen nicht befremden können. Die Konsolen sind stark beschädigt; dieselben stellen dar

Gothische Konsole.

Gothische Konsole.

Marien-Konsole.

Gothische Gewölbekonsole.

Bruchstück eines roman. Kapitells.

Marien-Konsolen.

1) Die „Verkündigung"; Maria vor dem Betpult in ihrer Kammer; hinter ihr der Engel Gabriel (Luc. 1, 26—38).
2) Die „Heimsuchung"; Maria und Elisabeth, beide gesegnet, stehen sich umarmend bei einander. In dem Schoosse beider Frauen erblickt man die Kinder; die Maria ist daran kenntlich, dass das Jesuskind mit dem Kreuznimbus versehen ist. Das Kind der Elisabeth hebt betend und vorahnend die Hände zum Christkinde empor (Luc. 1, 39 ff.).
3) Die „Todesverkündigung"; der Engel Gabriel verkündet Maria ihren Tod.
4) „Maria in der Sonnen"; die Himmelskönigin mit dem Christuskinde auf dem Arme, umgeben von einer mit Sonnenstrahlen bedeckten ovalen Glorie, die als Schild die ganze Vorderseite der Konsole einnimmt.

Die zwischenliegenden Darstellungen fehlen, sind aber jedenfalls vorhanden gewesen; augenscheinlich haben diese Marienkonsolen als Gewölbe-Wandträger eines bevorzugten Raumes (der Bruderhalle?) gedient.

Siegel des Kloster-Conventes v. J. 1384.
(Sigillum Conventus in Reddagheshusen.)

IV. Verzeichniss der Aebte des Klosters Riddagshausen.

1) Robert (1145).
2) Conrad I. (1150).
3) Reiner I. (1164).
4) Siegebodo (1168).
5) Amelung (1169).
6) Bertram (1187).
7) Wilbernus (1198).
8) Amelung II. (1202).
9) Balduin I. (1208).
10) Conrad II. (1216).
11) Arnold (1224).
12) Conrad III. (1247).
13) Johannes I. (1261).
14) Ludolf (1264).
15) Hermann I. (1278).
16) Conrad IV. (?)
17) Otto (1297).
18) Reiner II. (1303).
19) Johannes II. (1311).
20) Herwig (1322).
21) Dietrich I. (1332).
22) Friedrich (1343).
23) Johannes III. (1347).
24) Eggeling (1348).
25) Dietrich II. (1358).
26) Hermann II. (1372).
27) Heinrich I. (1392).
28) Burchhard I. (1407).
29) Hermann III. (1420).
30) Heinrich II. (1435).
31) Balduin II. (1445).
32) Johannes IV. (1451).

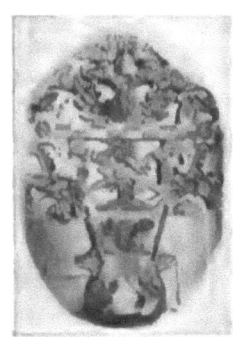

Wappen des Abtes Windruwe.

33) Johannes V. (1454).
34) Mathias (1456).
35) Ebert (1473).
36) Burchhard II. (1496).
37) Hermann IV. (1531).
38) Johannes VI. (1531).
39) Lambert v. Balven (1536).
40) Jodocus Oppermann (1553).
41) Johannes III. (Lorbeer) (1557).
42) Peter Windruwe (1586).
43) Heinrich Scheele (1615).
44) Reiner Schrader (1623).
45) Peter Tuckermann (1625).
46) Joachim Lütkemann (1651).
47) Christoph Specht (1655).
48) Brand Daetrius (1662).
49) Justus Keller (1688).
50) Joh. Lucas Pestorf (1689).
51) Christian Specht (1693).
52) Gottlieb Treuer (1706).
53) Th. Ludw. Dreissigmark (1730).
54) Joh. Fr. W. Jerusalem (1752).
55) Aug. Chr. Bartels (1790).
56) Georg Bartels (1858).
57) Heinrich Thiele (1876).
58) Carl Rohde (1891).

Abtssiegel v. J. 1294.
(S. Abbatis de Reddegeshusen.)

V. Quellen.

1) Urkunden des Klosters Riddagshausen im Landes-Haupt-Archiv in Wolfenbüttel. (Zusammengestellt von H. Dürre.)
2) Acten, Rechnungen und Erbregister daselbst und bei Herzogl. Cammer und Herzogl. Bau-Direction in Braunschweig.
3) Meibom, Chronicon Riddagshusanum. Helmstedt 1605.
4) Tobias Olfen's Geschichtsbücher der Stadt Braunschweig. (1527—1648.) Herausgegeben von v. Vechelde 1832.
5) Rethemeyer, Kirchenhistorie der Stadt Braunschweig. Br. 1707.
6) Corpus bonorum des Klosters Riddagshausen v. J. 1753.
7) Ballenstedt, Geschichte des Klosters R. bei Braunschweig. Schöningen 1809.
8) Rethemeyer, Braunschw. Lüneb. Chronik. Br. 1722.
9) Braunschw. Anzeigen: 1747 Nr. 73, 75. 1748 Nr. 6, 7, 32, 98. 1750 Nr. 66, 70. 1754 Nr. 49. 1755 Nr. 5, 45, 82. 1757 Nr. 2, 21, 48, 57, 77, 101. 1758 Nr. 10, 53, 79, 85, 91, 98, 100. 1759 Nr. 61. 1878 Nr. 235. 1882 Nr. 66—70.
10) Braunschw. Magazin: 1792 Nr. 23, 24, 25, 36, 37, 38. 1793 Nr. 1, 2. 1802 Nr. 30. 1848 Nr. 33. 1862 Nr. 14.
11) Ahlburg, Die Klosterkirche in R. Berlin 1857.
12) Dürre, Geschichte der Stadt Braunschweig. Br. 1861.
13) Schiller, Die mittelalterliche Architektur Braunschweigs. Br. 1852.
14) C. Jongelinus, Notitia abbatiorum ord. Cist. Colonia 1640.
15) Langerfeldt, Die Verheerungen im Kl. R. 1887.
    „   , Die Erwerbungen des Kl. R.
    „   , Ein Klosterhaushalt vor 300 Jahren. 1886.
    „   , Abt Windruwe und seine Zeit. 1888.
    „   , Die Grabstätten und Gedenktafeln in der Klosterkirche in R. 1887.
16) Viollet-le-Duc, Diction. raisonné de l'Archit. française du XI—XVI siècle. L.
17) Ed. Sharpe, The Architecture of the Cistercians. London 1875.
18) Dehio und v. Bezold, Die kirchliche Baukunst des Abendlandes. Stuttgart 1884 ff.
19) Rossel, Die Abtei Eberbach im Rheingau. Wiesbaden 1857.

20) Dohme, Die Cistercienserkirchen Deutschlands während des Mittelalters. Leipzig 1869.
21) Winter, Die Cistercienser. Gotha 1871.
22) Mittheilungen der k. k. Central-Commission zur Erforschung und Erhaltung der Baudenkmäler. Wien 1856 ff. Bd. I, II, VIII, X, XIV, XV.

Abtssiegel v. J. 1690.
(Sigillum coenobii Riddagshusani.)

Seite 11 liess 1255 statt 1225.
    „   11 „   21. März statt 31. März.
    „   14 „   1439 statt 1493.